10 수학 교사를 위한 지침서
대한수학교육학회 번역시리즈

Developing Essential
Understanding of Statistics
for Teaching Mathematics in Grades 6-8

통계의 필수 이해: 6–8학년

강현영 · 이동환 옮김

NCTM
NATIONAL COUNCIL OF TEACHERS OF MATHEMATICS

KYOWOO

역자서문

수학을 왜 가르치고 배워야 하는가에 대한 답변은 시대의 변화에 따라 달라질 것이다. 세계는 지식기반정보화 사회, 즉 3차 산업혁명 시대를 넘어 기계와 제품의 지능화와 사물 인터넷으로 요약할 수 있는 4차 산업혁명 시대에 접어들었다. 이러한 변화 속에서 수학교육은 어떤 모습이어야 하는가에 대한 고민이 필요하다. 이 책은 대한수학교육학회의 주관 하에 NCTM의 필수이해 시리즈(Essential Understanding Series)를 번역한 것 중 한 권으로, 위의 문제에 대한 직접적인 답을 주지는 못하지만 우리나라의 수학교육을 반성하고 발전 방향을 모색하는데 시사점을 제공할 수 있을 것이다. 최근 세계적으로 수학 수업을 실행하는 주체이자 교수·학습 활동의 전문가인 교사의 역할을 더욱 강조하고 있다. 이에 따라 교사 전문성을 개발하기 위한 여러 방면의 연구가 진행 중이다. 필수이해 시리즈는 수학 수업의 주체인 교사가 학생들을 지도할 때 참고할 수 있는 특정 수학 주제에 대한 자료이다.

이 책은 필수 이해 시리즈 중 중학교 학생들의 통계학습에 대한 필수 이해를 다루고 있다. 통계는 변이성을 담고 있는 통계적 질문으로 시작하는 문제해결 과정이다. 학생들은 통계적 문제해결 과정의 각 단계에서 변이성이 하는 중요한 역할을 이해할 필요가 있다. 제한된 조건에서 문제를 해결하기 위하여 필요한 자료를 수집하고 수집한 자료 이면에 내포되어 있는 정보를 추출하여 분석하고 정보 사이의 관계를 파악하고 합리적인 추론을 통하여 바람직한 의사결정에 도달하는 것 등이 통계적 지식의 발달과 적용에서 핵심적인 역할을 한다.

중학교 학생들에게 통계를 지도하기 위해서는 다음과 같은 사항들을 고려해야 한다. 첫째, 통계를 문제해결과정으로서 접근해야 한다. 통계적 문제해결 과정은 질문에서 시작한다. 자료로 해결할 수 있는 통계적 질문을 설정하고, 적절한 자료를 수집해야 한다. 결과의 분석은 제기된 질문, 수집된 자료의 유형, 자료를 수집한 방법에 따라 결정된다. 둘째, 통계 교수학습에서 자료의 변이성을 이해하고 기술하는 과정이 중요하다. 통계적 문제해결 과정의 각 단계에서 변이성이 핵심적인 역할을 한다는 점에 주목해야 한다.

이 책은 통계에 대한 핵심 아이디어와 필수 이해를 다루기 위해 도입부에 이어 총 3개의 장으로 구성되어 있다. 1장은 통계에 관한 4가지 핵심 아이디어와 이에 따른 필수 이해를 설명한다. 각각의 내용은 통계를 가르치기 위해 교사가 생각해 보아야 할 생각해보기 문제를 제시하여 통계에 대한 이해를 보완하고 강화시킬 수 있도록 하고 있다. 2장은 1장에서 설명하는 내용에 기초해 학생들이 중학교 이전 학년이나 이후에 겪게 될 수학과 어떻게 연결되는지 이해할 수 있는 기회를 제공한다. 마지막으로 3장은 통계와 관련된 교수, 학습 및 평가에 대해 제시한다. 앞 장에서 제시한 내용에 중심을 두고 통계와 관련된 과제를 만들고 평가하는 노력은 학생들이 의미 있는 통계 학습을 하도록 도울 것이다.

역자들은 이 책의 내용을 원문의 의미 그대로 전달하고자 노력하였다. 이 책에 담긴 필수 이해와 그에 따른 다양한 예시들을 통해 중학생의 통계 지도를 충실히 할 수 있도록 교사들의 전문성 신장 노력에 도움이 되기를 기대한다. 또한 학교 수학에서 다루어야 할 것이 무엇인가에 대한 여러분의 고민을 해결하는데 작은 도움이 되기를 희망한다. 이 책의 출판을 위해 노력해주신 교우사의 관계자 여러분께 깊은 감사의 뜻을 전하는 바이다.

역자 일동

- 차례 -

서문

유아원(prekindergarten)부터 12학년까지의 수학을 가르치기 위해서는 수학에 대한 특별한 이해가 필요합니다. 유능한 수학 교사들은 설명법을 찾고, 수학 안과 밖의 주제들 간의 내용을 접목시키면서 자신들이 가르쳐야 하는 내용 자체뿐만 아니라 그 이상을 생각합니다. 가르치는 주제에 대하여 학생들에게 어떤 수학이 중요한지 아는 교사들을 만날 때, 학생들은 교육과정과 학업 성취에 대한 기대치를 더 잘 충족할 수 있게 됩니다.

미국수학교사협의회(NCTM)가 출간한 필수 이해(Essential Understanding)시리즈는 2006년에 출판된 *유아원에서 8학년 수학까지를 위한 교육과정 초점 사항: 일관성을 위한 요구(Curriculum Focal Points for Prekindergarten through Grade 8 Mathematics: A Quest for Coherence)*와 2009년에 발간한 *고등학교 수학의 초점: 추론과 이해(Focus in High School Mathematics: Reasoning and Sense Making)*의 정신에 따라 학교 수학 교육과정에 집중하였습니다. 필수 이해 시리즈 책은 학생들을 가르칠 때 도움이 될 수 있도록, 수학적 사고가 특정 수학 분야에 어떤 영향을 주게 되는지에 대하여 개인의 지식을 넓히고 질을 향상시키고 싶은 개개인의 교사와 동료를 위한 자료입니다. 각 책의 주제는 학생들은 배우기 어렵고, 교사는 가르치기 힘들며, 학생들이 학습자로서의 성공과 그들의 미래의 삶과 진로에 매우 중요한 역할을 할 수 있는 수학적 영역을 다루고 있습니다.

교사로서, 연구자로서, 그리고 수학자로서의 자신들의 경험에 기반을 두고 저자들은 각 책의 주제에 중심이 되는 핵심 아이디어를 설명하고 있습니다. 필수 이해-주제의 본질을 포착하는 수학적 관점-가 모여서 각각의 핵심 아이디어를 이룹니다. 종합적으로, 핵심 아이디어와 필수 이해는 집중적이고(focused) 관련되며 유용한 수학적 관점을 교사들에게 제공합니다. 학생들이 학교수학에서 선수 학습이나 후속 학습으로 배우게 되는 주제를 교수 및 평가와 연결시켜 주는 것은 교사의 수학에 대한 필수 이해의 관련성과 중요성을 설명해 줍니다.

이 시리즈를 만들 수 있게 도와준 모든 사람들에게 이사회를 대신하여 진심으로 감사를 표합니다. 특별히 시리즈의 편집자로서 리더십을 발휘한 Rose Mary Zbiek에게 감사의 뜻을 전합니다. 필수 이해 프로젝트 팀과 함께 이 책들을 접하는 여러분을 환영하며, 여러분들이 앞으로도 수학을 배우고 가르치는 것에 대하여 오랫동안 즐길 수 있기를 바랍니다.

Henry Kepner
회장, 2008-2010
미국수학교사협의회

머리말

통계는 다른 수리 과학과 구별되는 고유한 특징을 갖지만, 학교 수학의 깃발 아래 놓여 있다. 이 책의 서론에서는 이러한 전통을 반영하여 종종 학교 수학의 관점에서 *수학*을 언급한다. 통계와 수학의 주요한 차이는 다음 장에서 다룰 것이며, 이 책의 주제인 통계에 대한 풍부한 이해를 통해 교사들은 통계와 수학의 차이를 인식하게 됨으로써 교사 자신과 학생의 학습을 좀더 잘 돕게 될 것이다.

유아원부터 12학년까지, 수학과 교육과정은 학생들의 발달에 중심이 되는 중요한 주제들을 포함하고 있다. 이 주제들을 이해한 학생들은 새로운 수학 분야로 자연스럽게 넘어가며 자신감을 가지고 계속 발전해 가게 된다.

그러나 이 주제들 중 많은 부분은 전통적으로 배우거나 가르치기가 어려웠으며, 학생들의 발달을 점검하기 위한 문지기로서의 역할을 하기 보다는 장애물 역할을 하는 것으로 증명되었다. 이러한 주제들에 대해 기초를 단단히 다지지 못한 학생들은 수학이나 관련된 교과목에서 후속 학습을 할 때 대개 가속도를 내지 못하고 활동을 해 나가는 데 어려움을 겪는다.

필수 이해 시리즈는 모든 단계에서 이런 주제들을 분석했다. 학생들에게 이런 주제를 가르치는 교사들은 학생들이 수학적 성취를 이루는 데 중요한 역할을 한다. 이 시리즈의 각 책은 여러분처럼 단지 유능함을 넘어서 교실에서 훌륭한 교사가 되고 싶은 사람들에게 학생들이 꾸준히 수학적으로 발달할 수 있도록 한 가지 또는 더 많은 주제들에 대하여 이해를 풍부히 할 수 있도록 돕는다.

얼마나 알아야 하는가?

이러한 어려운 주제들을 효과적으로 가르치기 위해서는 폭넓고 깊은 수학적 이해에 관심을 가져야 한다. 그런데 어려운 것은 학생들이 알고 배워야 할 것으로 기대하는 것 이상으로 교사는 그 주제들에 대해 더 많이 알아야 한다는 것이다.

왜 그렇게 광범위한 지식이 필요한 것인가? 왜 가르쳐야 하는 가와 학생들이 알아야하는 것 이상의 지식이여야 하는가? 이 질문에 대한 답은 여러 가지 요소로 설명할 수 있다.

학생들에게 성공적인 학습경험이 되도록 계획하기 위해서는 다양한 모델들과 표현을 이해해야 하며, 어떠한 경우에는 교육과정을 평가하고 수업을 계획하면서 여러 기술들을 익혀야 할 때도 있다. 교사는 과제들을 선택하고 실행하면서 무엇을 강조해야하는지 알아야 하며 그것들이 수학적으로 왜 중요한지도 알아야한다.

학생들에게 수업하면서는 학생들이 당혹해 할 것을 예상해야 하고, 학생들이 그러한 함정을 피해갈 수 있도록 도와줘야 하며, 오개념을 인지하고 바로 잡아야 한다. 또한 예측하지 못한 수업 상황들을 활용하여 다양한 수학 주제들을 연계하여야 한다. 만약 평가에서 학생들이 수업에서 다룬 내용을 잘 이해하지 못한 것으로 나타난다면, 학생들이 이해하지 못한 부분을 어떻게 설명할 것인지 알아야 한다. 한 번에 알아듣지 못하는 학생들을 위해 다양한 방법으로 수학을 묘사하기 위해 충분히 다양한 방면에 대해 이해해야 한다. 또한, 전체 수학 교육과정에 비추어 그 주제가 어디에 연계되는지 알아야 한다. 그리고 학생들의 생각이 어디에서부터 오며, 추후 학습에서는 학생들이 수학적으로 어디로 향해 나아갈지도 알아야 한다.

이러한 일들을 수학적으로 수행하는 것이 무리한 요구로 들릴 수도 있다. 그러나 교사가 폭넓게 수학적으로 이해해야 학생들을 잘 인도하고 학생들이 순조롭게 학습할 수 있도록 다양하게 지도할 수 있게 된다.

필수 이해 시리즈가 어떤 도움이 되는가?

필수 이해의 시리즈는 여러분이 지도하는 내용에 대한 지식을 강화시키도록 수학에 대하여 철저히 점검할 수 있는 기회를 제공한다. 이 책들은 학생들에게 사용할 수 있는 자료를 직접적으로 제공하지도 않을 뿐더러, 학급 관리나 가르치는 방식, 또는 평가 기법들을 다루지도 않는다. 그 대신 이 책들은 수학적 내용에 관한 주제들, 즉 수업을 준비할 때 필요한 아이디어와 이해, 수업 지도, 학생들과의 일대일 상호작용, 그리고 평가에 대해 집중적으로 다룬다.

저자들이 주제에 어떻게 접근하고 있는가?

저자들은 각 주제에 대해 "핵심 아이디어(big ideas)"와 "필수 이해(essential understandings)"로 구분하고 있다. 핵심 아이디어는 하나의 수학적인 주제에 중심이 되고 비교적 작은, 많은 수학적 아이디어들을 묶어 일관성 있게 하나로 연결하는, 광범위한 개념의, 중요한 수학적 진술이다. 이 책들은 각각의 핵심 아이디어들과 관련된 비교적 작고 구체적인 주제들을 필수 이해라고 부른다. 저자들은 핵심 아이디어들의 특징적인 측면들을 부각하고 이에 대한 풍부한 증거를 제공한다.

핵심 아이디어들은 수학에 있어 매우 큰 가치를 가지고 있다. 서로 관련된 필수 이해들을 꾸준히 연구함으로써 매우 압축된 진술문의 힘과 가치를 느낄 수 있을 것이다. 다수의 이런 작은 개념들을 완벽히 이해하고 이를 통해 핵심 아이디어들에 접근하는 것은 여러분의 지적 자산과 수업의 가능성들을 상당히 증대시켜 줄 것이다.

교사의 역할 중의 하나로 수학적 아이디어를 연구하면서 여러분은 아마도 이런 필수 이해들은 자주 어려운 주제들 중의 하나를 학생들에게 제시하기 위하여 교사에게 필요한 이해의 핵심이라는 것을 알아차렸을 것이다. 이런 필수 이해라는 수학적 조각들이 모여 핵심 아이디어를 구성하기 때문에 이를 잘 아는 것이 매우 중요하다.

> 이 책에서는 핵심 아이디어와 필수 이해를 아이콘으로 나타낸다.
>
> Big idea
>
> 핵심 아이디어를 나타내고
>
> 필수 이해를 나타낸다.

이 책들은 어떻게 구성되어 있는가?

필수 이해 시리즈의 모든 책들은 같은 구조를 가지고 있다.

서론에서는 개요와 특정 주제들을 선정한 이유들을 설명하며, 교사들과 학생들이 알아야 하는 것의 몇몇 차이들을 강조한다.

- 1장은 이 책의 핵심이며, 핵심 아이디어들과 그에 관련된 필수 이해들을 구분하여 검토하였다.
- 2장에서는 1장에서 다룬 개념들을 각 학년에서 나오는 수학적 개념들이나 학생들이 선수나 후속으로 수학을 공부할 때 마주칠 다른 수학적 개념들과의 관련성을 고려하여 살펴본다.
- 3장에서는 개념들을 다루면서 나온 주제들에 관련된 필수적인 개념들을 이해하는 데 겪는 학생들의 어려움들을 다루는 것으로 마무리 짓는다. 그리고 학생들의 사고 발달을 분석하고, 학생들의 이해도를 평가하며, 그들에게 주제들을 제시할 수 있게 안내한다.

1장에는 핵심 아이디어들과 필수 이해들을 논의하는 가운데 “생각해보기”라고 분류된 질문들을 군데군데 넣었다. 읽으면서 잠시 멈춰 이것들에 대해 스스로 생각해 보거나 동료들과 논의해보는 것이 중요하다. 자료들에 이러한 방식으로 접근하는 것은 이 책을 읽는 경험을 참여적이고, 상호적이고, 그리고 역동적이도록 할 수 있을 것이다.

생각해보기 질문들은 같은 지역 교사들이나 온라인상에 연결된 같은 학군의 교사들, 그리고 나아가 시 전체의 교사들과의 대화의 주제가 될 수 있을 것이다. 그러므로 이 생각해보기 질문들과 관련해서는 교사들이나 예비교사들이 개인이나 집단으로 대학 수업 혹은 그 이후에 공식적 또는 비공식적 경험을 위한 도구로서 이 책을 사용하는 경우가 더 많아지도록 할 것이다.

새로운 관점

필수 이해 시리즈가 의도하는 바는 여러분에게 폭넓고 깊은 수학적 이해를 지원함으로 인하여 여러분이 지도하는 학생들이 다양한 방법으로 도움을 받을 수 있도록 하기 위한 것이다. 논의하는 수학과 학생들의 교육과정 전과 후에 배우게 될 수학의 관련성을 고려하면 이 책들은 교사들에게 흔치 않은 깊이와 학교 수학교육의 성장에 대한 통찰력을 제공하게 될 것이다.

이 시리즈는 「학교수학을 위한 원리와 규준」(Principles and Standards for School Mathematics)(NCTM 2000), 「유아원에서 8학년까지의 교육과정 초점 사항: 추론과 이해」(Curriculum Focal Points for Prekindergarten through Grade 8 Mathematics: Reasoning and Sense Making)(NCTM 2009), 그리고 「내비게이션(Navigations) 시리즈」(NCTM 2001-2009)의 배경과 대비하여 진술하고 있다. 이 새로운 책들은 내용-기반 교사의 전문성 발달의 기회를 제공하는 데 중요한 역할을 한다.

다른 출판물들은 차례차례 새로운 책에 살을 붙이고 질을 높이는 데 사용할 수 있다. 이 책을 읽은 후에, 예를 들어, 학생들이 필수 이해 시리즈에서 논의된 주제들에 대한 통찰력을 기르도록 직접적으로 할 수 있는 규준 기반 활동들을 Navigations 시리즈에서 골라낼 수도 있을 것이다. 만약 유아원에서 8학년까지를 가르친다면, *교육과정 핵심 사항(Curriculum Focal Points)*에서 제시한 3가지 중점들을 이용해 여러분의 심층적인 이해를 접목시켜 제시할 자료를 가지고 학생들의 수준에 맞추어 안내할 수 있을 것이다. 그리고 9학년에서 12학년 학생들을 가르친다면, *고등학교 수학에서 초점(Focus in High School Mathematics)*에 나와 있는 것처럼 여러분이 이해한 것을 이용하여 학생들이 수학적 증명이나 이해를 형성할 수 있는 방법들을 풍부하게 할 수도 있을 것이다.

질 높은 이해는 새로운 관점을 제공하며 가르치는 데 있어 새로운 에너지를 불어 넣는다. 우리는 여러분이 이 책을 읽으면서 습득한 이해가 학생들이 그들의 수학적 성공을 확신시켜 주는 주제들을 완벽히 이해하도록 돕는 것을 지원해줄 수 있기를 소망한다.

저자들은 이 책의 구성과 내용에 대해 가치 있는 제언을 제공한 검토자들에게 감사를 표한다. Patrick Hopfensperger, Susan A. Peters, Daren Starnes, Mike Shaughnessy는 철저하지만 접근이 용이한 논의를 유지하기 위한 어려운 과제를 가지고 저자들을 돕기 위해 노력하였다. 중학교 학생들과 함께 수업하는 교사들에게 도움이 되도록 관련되는 논의와 몇 가지 핵심 아이디어에 많은 양의 내용을 조직하기 위해 애써주었다.

서론

이 책은 통계에 대한 아이디어에 초점을 맞추고 있다. 이러한 아이디어는 6~8학년의 통계를 효과적으로 가르치기 위해 교사가 충분히 이해해야 하고 유연하게 사용할 수 있어야 하는 것들이다. 이 책은 중학교 교육과정에서 주로 다루는 여러 가지 통계적 아이디어에 대해 논의하며, 교사는 자신의 학생들이 학습할 통계를 깊이 있게 탐구하고 그 이상으로 확장하도록 스스로에게 동기를 부여한 다양한 통계 경험을 가지고 있다고 가정한다.

이 책은 교사가 이러한 아이디어에 참여할 수 있도록 설계되었고, 통계 개념의 복잡성을 반영하도록 수업을 계획하고 실행하고, 학생의 학습을 평가하는데 필요한 이해를 교사가 개발할 수 있도록 도와 줄 것이다. 통계 개념을 깊고 풍부하게 이해하는 것은 학생들이 통계의 경험 전반에 걸쳐 접하였고 앞으로도 지속적으로 접하게 될 통계의 아이디어가 어떻게 스며들어 있는지를 보여줌으로써, 그 영향력과 범위에 대해 학생들과 의사소통 할 수 있도록 해준다.

이러한 연구로부터 교사가 얻게 되는 통계에 관한 이해는 *학교수학을 위한 원리와 규준*(NCTM, 2000)에 제시된 비전을 뒷받침한다. “모든 학생이 높은 수준의 흥미로운 수학 수업에 참여하는 교실, 학교 또는 학군을 상상하여 보자(p. 3).” 이 비전은 “전문가로 끊임없이 성장하고 있고(p. 3)”, 통계를 이해하며 학습하도록 도울 수 있는 의미 있는 경험에 학생을 일상적으로 참여시키는 교사에게 달려있다.

왜 통계인가?

NCTM의 필수 이해 시리즈의 모든 책에 제시된 주제와 마찬가지로, 통계 개념은 학생의 학습에 있어서 대단히 중요하지만, 교사가 가르치기에는 도전적인 학교수학의 주요 영역이다.

6~8학년 학생들이 현재 학년에서 그리고 이후 이루어지는 통계 학습에서 성공하려면 통계 개념을 잘 이해할 필요가 있다. 학습자는 평균이 수치형 자료의 특징을 나타내는데 충분하지 않은 이유를 궁금해 한다. 학습자는 자료의 분포를 표현하기 위해 적절한 표와 그래프를 그리는 것을 힘들어한다. 6~8학년에서 통계 학습을 지원하기 위하여, 교사들은 자료에서 변이성이 통계 교수-학습의 핵심임을 이해해야만 한다. 교사들은 학생들이 완전한 통계적 문제해결과정에 참여하게 해야 하고 통계가 자료에 대한 수치적 요약을 계산하거나 그래프를 만드는 것 이상임을 강조해야만 한다.

6~8학년의 수학 교사로서 해야 할 일은 교사, 학교, 학군 및 해당 주의 교육과정에서 학생들이 학습하기를 기대하는 통계 개념을 견고하게 이해하는 것이다. 또한 교사는 이러한 아이디어들이 실제 수업에서, 현재 학년과 앞으로의 학년에서 학생들이 접하게 될 다른 통계적 아이디어와 수학적 아이디어가 어떻게 관련되는지 알아야 한다. 풍부한 통계적 개념들에 대한 풍부한 이해는 수업에서 과제 선정하기, 질문하기, 자료 선택하기, 시간에 따라 주제와 아이디어 순서 짓기, 학생 활동의 질을 평가하기, 학생의 사고를 자극하고 도울 수 있는 방법 고안하기와 같이 교사가 해야 하는 많은 부분에서 교사의 의사결정을 안내한다.

통계 개념 이해하기

교사가 통계를 가르치는 이유는 다른 사람들이 학교, 직장, 삶에서 성공하고 만족할 수 있는 방식으로 통계를 이해하기를 바라기 때문이다. 교사는 학생들이 통계적 개념에 대한 탄탄하고 지속적인 이해를 개발하도록 돕기 위해 통계를 깊이 있게 이해해야 한다. 하지만 이것은 무엇을 의미하는가?

통계를 이해한다는 것은 자료 분석을 위한 특정한 절차를 알고 관련된 용어에 능통하다는 것으로 생각하기 쉽다. 예를 들어, 교사에게 범주형 자료와 수치형 자료를 구분하길 기대한다고 하자. 교사는 자료를 표현하기 위해, 자료 집합을 요약하기 위해 그리고 분포를 기술하기 위해 유용한 방법에 친숙할 필요가 있다. 교사에게 *무작위 표본, 중앙값, 모집단, 모수*와 같은 용어를 사용하길 기대한다.

특정한 용어와 절차들이 교사에게 통계에 관하여 알고 있을 것이라 기대하는 전부는 아니다. 예를 들어, 교사는 학생과의 활동에서 자료에 대한 기본적인 그래프 표현에 대해 친숙해야 할 필요가 없지만 학생들이 만든 그래프 표현을 해석할 수 있어야 한다는 것을 분명히 발견할 것이다. 교사는 *표본과 단순 무작위 표본, 통계량과 모수, 자료와 자료 분포, 그리고 도수와 상대도수*와 같은 용어들 사이의 미묘한 차이점을 알아야 한다.

6~8학년의 모든 수학교사들이 통계에 관하여 알고 있어야 하고, 가르쳐야 하는 통계적 아이디어에 대한 매우 긴 목록을 만드는 것은 어렵지 않다. 교육과정 개발자들은 종종 그러한 목록들을 만들고 게재한다. 하지만, 개개의 항목들이 중요할 수 있어도 이러한 목록들은 주제에 대한 풍부한 이해의 본질을 담아낼 수 없다.

학생들의 통계의 이해를 개발하는 것은 통계적 주제의 목록을 통해 학생들을 돕는 것 이상을 포함한다. 통계를 심도있게 이해하기 위해서는 중요한 통계 개념을 아는 것뿐만 아니라 이러한 개념들이 서로 어떻게 관련되어 있는지를 인식해야 한다. 교사들의 이해는 통계적 문제해결 과정을 가진 경험을 통해, 그리고 새로운 아이디어를 수용하고 익숙한 개념들 사이의 새로운 연결을 찾는 경험과 기회를 통해 계속 성장해 나간다. 뿐만 아니라 통계에 대한 교사들의 이해는 학생들에게 지도할 내용을 뛰어넘어야 한다. 교사가 알아야 하는 것과 학생들이 학습하기를 기대하는 것 사이의 차이점 중 일부는 쉽게 설명할 수 있다. 예를 들어, 교사는 학생들이 나중에 다루게 되지만 아직은 이해하지 못하는 통계 개념이지만, 다양한 표집 절차의 방법과 통계적 질문에 대답하는데 사용되는 특별한 표집 방법의 결과에 대해서도 이해해야 한다.

교사가 알아야 하는 이해와 학생들에게 기대하는 이해 사이의 차이점이 명확하지 않지만, 교사는 교실에서 겪는 경험을 통해 그 차이점을 어느 정도 알게 된다. 예를 들어, 학생의 예상치 못한 질문이나 주장의 가치를 깨달을 때 통계를 이해하는 것에 대해 얼마나 많은 고마움을 느꼈는가? 또한 지식이 부족하여 그러한 기회를 놓치거나 충분히 장점을 활용하지 못하고 실패했을지 모른다는 것에 대해 얼마나 많이 걱정했는가?

거의 확실히 알고 있듯이, 통계적 문제해결 과정을 알고 실행할 수 있는 것만으로는 수업을 위해 충분하지 않다. 교사는 새로운 주장을 밝혀내고 정당화하거나 반박할 수 있어야 한다. 이러한 주장과 정당화하기 위해 학생의 통계적 경험과 현행 교육과정 상의 기대수준을 능가하는 아이디어나 기법이 필요할 수도 있다. 예를 들어, 교사는 평균과 중앙값이 자료의 분포에 대해 동일한 정보를 제공한다는 잘못된 주장을 반박할 수 있어야 한다. 또는 평균으로부터 편차에 주목하고 자료에서 특이점의 영향에 주목하는 것이 중요한 이유를 학생들에게 설명할 수 있어야 한다.

핵심 아이디어와 필수 이해

통계에 대한 이해를 풍부하게 해주는 많은 특정 아이디어에 대하여 생각하는 것은 부담스러운 과제일 수 있다. 그러한 통계 아이디어 전부와 그 사이의 연결성을 설명하기 위해서는 여러 권의 책이 필요할 것이다. 저자들은 이 책에 어떤 아이디어를 포함시킬지 결정하기 위하여 핵심적인 질문을 고려했다. 효과적인 수업을 위해 6~8학년 수학 교사들이 통계에 대해 *필수적으로* 알아야 하는 것은 무엇인가? 이 질문에 답하기 위해 저자들은 교육과정 문서와 수학 교수-학습에 관한 연구뿐만 아니라 개인적 경험, 수학, 수학교육, 통계, 통계교육 분야 동료들의 전문 지식, 검토위원 및 전문성 개발자의 검토 등 다양한 자원들을 활용하였다.

그 결과, 이 책의 내용은 중학교 교사가 알아야 하는 통계의 필수적인 아이디어를 다룬다. 특히 1장은 통계의 중요한 영역과 관련된 4가지 핵심 아이디어를 중심으로 정리되어 있다. 각각의 핵심 아이디어는 이 책에서 *필수 이해*라 부르는 더 작고 보다 구체적인 아이디어에 의해 뒷받침된다.

교수, 학습, 평가를 위한 이점

통계를 이해하는 것은 교사가 「학교 수학을 위한 원리와 규준」에 명시된 교수 원리를 실행하는 데 도움이 된다. 이 원리는 수업을 위한 상위 규준을 정한다.

> 수학을 효과적으로 가르치려면, 학생들이 무엇을 알고 있으며 어떤 것을 학습할 필요가 있는지에 대해 이해하여야 하며 학생들이 수학을 잘 학습할 수 있도록 격려하고 뒷받침해야 한다(NCTM, 2000, p. 16). 수학을 가르치는 것과 마찬가지로 통계를 가르치기 위해서 교사는 "일반적인 예비교사 교육과정에서 배우는 내용 이상의(p. 17)" 지식을 알아야 한다.

1장은 이러한 관점에서 통계에 대한 개요를 제공한다. 이는 이 주제에 관해 교사가 지금까지 접해왔을 여러 가지 논의보다 더욱 집중적이고 포괄적이다. 이 장은 교사의 이해를 보완하고 강화하기 위한 목적으로 통계와 관련된 핵심 아이디어와 필수 이해를 열거하고 설명하며 그에 대한 예를 제공한다. 따라서 1장의 목적은 교사가 학생들로 하여금 통계를 탄탄하게 학습하도록 하는데 필요한 지원과 도전을 제공하면서 교수 원리를 충분히 실행할 수 있도록 준비시키는 것이다.

이러한 방식으로 교사의 이해를 강화하는 것은 「원리와 규준」에 드러난 학습 원리를 실행하도록 교사를 준비시킨다.

> 학생들은 경험과 이전의 지식을 바탕으로 새로운 지식을 능동적으로 구성함으로써 수학을 이해하면서 학습해야 한다.(NCTM, 2000, p. 20).

학생들이 이런 방식으로 개념을 배우도록 돕는 교사의 노력을 지원하기 위해, 2장은 1장에서 제시하는 이해를 기반으로 핵심 아이디어와 필수 이해가 학생들이 전형적으로 이전 또는 이후의 학교수학에서 직면하는 수학과 어떻게 연결되는지 그 방법을 구체적으로 논의한다. 2장은 학생들이 통계를 학습할 때 장기적인 연결을 강조함으로써 학습 원리를 뒷받침한다. 예를 들어, 학생들의 통계적 경험이 확장되면서, 점점 두 분포를 비교하는 방법을 발전시키고, 두 분포 사이의 차이가 *통계적으로 유의*(고등학교에서 언급되는 개념인)한지 아닌지를 결정하는 방법을 이해하기 위한 준비가 될 것이다.

1장과 2장에서 제시한 이해는 교수의 또 다른 주요한 영역을 강화시킬 수 있다. 3장에서 이러한 영역을 다루는데 1장과 2장을 기반으로 하여 학생들의 통계에 대한 이해를 평가하기 위하여 적절한 과제, 기술, 도구를 선정하고 개발하는데 통계에 대한 이해가 어떻게 도움이 되는지 보여준다. 학생들의 과거 및 미래의 관련 경험을 이해함으로써 강화된 교사의 통계와 관련된 핵심 아이디어와 필수 이해는 교사가 교실에서 이루어지는 평가가 기초적인 통계 개념의 학습을 지원한다는 것을 확신하는데 도움이 될 수 있다.

이러한 평가는 「원리와 규준」에 제시된 평가 원리의 첫 번째 조건을 만족시킨다.

> 평가는 중요한 수학 학습을 돕고 교사와 학생 모두에게 유용한 정보를 제공해야 한다.(NCTM, 2000, p. 22).

또한 교사가 통계를 이해함으로써 학생들이 생각하고 있는 것과 학생이 이해하는 것에 대한 구체적인 정보를 제공하는 평가 과제를 개발할 수 있게 하고, 이는 평가 원리의 두 번째 조건을 만족시키는 데 도움이 될 수 있다. 교실 평가는 수학적 절차를 넘어서야 하며 자료를 표현하고 다른 사람이 만든 그래프와 표를 해석하기 위하여 통계적 질문과 기회를 포함해야 한다. 예를 들어, 학생들에게 운전 중 문자하기에 관한 [그림 0.1]의 도수분포표를 주었다고 하자.

		성별		
		여성	남성	합계
운전 중 문자하기	예	38	24	62
	아니오	34	24	58
	합계	72	48	120

[그림 0.1] 운전 중 문자하기에 대한 성별에 따른 도수

학생들에게 여성과 남성이 운전 중 문자하기의 도수를 비교하는 막대그래프를 그리도록 할 수도 있고 어떻게 자료를 수집했는지를 생각해보게 할 수도 있다. 또한, 여성과 남성 중에 운전 중 누가 문자를 더 많이 보내는가에 대한 결론을 내리는 데 자료 수집 방법이 어떠한 영향을 미칠 수 있는지를 학생들이 설명하도록 할 필요가 있다.

시작할 준비하기

서론은 1장에서 다루게 될 통계에 관한 핵심 아이디어와 필수 이해를 이해하는 데 필요한 배경 지식에 해당한다. 각 장을 순서대로 읽는 것을 권장한다. 1장에서는 생각해보기 질문에 대해 시간을 할애하여 충분히 숙고하면서 한 번 이상 읽어보기를 권한다. 공학적 도구 사용이 필요한 곳에서는 그래픽 계산기나 통계 도구를 사용할 것을 권장한다. 통계와 관련된 핵심 아이디어와 필수 이해의 아이디어를 받아들인 후 이러한

아이디어들 사이의 연결을 알아볼 수 있다. 1장에서 새롭게 이해한 내용을 토대로 2장에서는, 통계에 관한 아이디어가 학생이 학교에서 이전에 직면했거나 이후에 직면하게 될 수학에 어떻게 연결되는지 알 수 있다. 그 다음 3장의 교수, 학습 및 평가를 읽어볼 수 있다.

대안적으로 1장과 2장의 통계 아이디어를 다루기 전에 3장을 먼저 살펴볼 수도 있다. 교수, 학습 및 평가에 관한 어려움을 분명히 염두에 두고, 이를 해결하는 방법을 생각하면서 책을 읽는다면, 1장과 2장의 내용에 대한 다른 관점을 얻을 수도 있다.

이 책을 어떻게 읽든지 간에, 통계적 문제 해결과정에 대한 이해, 적용, 그리고 즐거움을 증진하는 데 도움이 되기를 바란다.

제1장

통계: 핵심 아이디어와 필수 이해

Cobb과 Moore의 용어(1997, p. 801)를 써서 말하자면, “자료에는 항상 변이성[1]이 존재”하므로 통계학이 필요하다. Cobb과 Moore는 통계학의 특징을 다음과 같이 설명하였다.

> 변이성(variability)을 주요 내용으로 다룬다는 점에서 통계는 수학이나 다른 수리과학과 구분된다. 그러나 다루는 내용의 차이 이외에도 수학과 구분되는 통계적 사고방식이 존재한다. 자료는 단순한 수가 아니라 맥락이 있는 수이기 때문에, 통계에는 다른 사고방식이 필요하다. 수학에서는 맥락이 구조를 모호하게 만드는데, 자료 분석에서 맥락은 의미를 제공한다(p.801).

이러한 설명은 통계적 사고와 수학적 사고의 두 가지 중요한 차이점을 강조한다. 첫째, 통계적 사고는 자료에서 변이성을 이해하고 기술하는 과정에 초점을 둔다. 변이성이 없다면 모든 것이 같아지게 되기 때문에 통계는 필요하지 않다. 둘째, 맥락은 통계에서 중요한 역할을 한다. 맥락이 없이 그래프를 그리거나 평균을 계산하는 것은 통계학이 아니다. 통계의 실행에서, 문제의 맥락은 자료 수집, 자료 분석, 결과 해석의 방법을 결정한다.

이 책의 목적은 중학교 학생들의 통계적 사고 향상을 위해, 교사가 알아야 하는 핵심 아이디어와 필수 이해를 소개하는

1) 이하 Variability를 변이성이라 해석한다.

것이다. 특히, 「수학과 공통 핵심 규준」(Common Core State Standards for Mathematics) (Common Core State Standards Initiative 2010)에 따르면, 6-12학년의 통계 학습량이 증가하고 더 높은 수준의 통계적 사고를 강조하기 때문에, 교사는 이러한 개념을 반드시 알아야 한다.

01 문제해결 과정으로서 통계

미국 통계학회의 「통계교육 지도와 평가를 위한 안내」(Guidelines for Assessment and Instruction in Statistics Education, 이하 GAISE) (Franklin et al, 2007)에서 제시한 통계적 문제해결 과정을 토대로 앞으로의 내용을 설명할 것이다. 이러한 탐구 과정은 서로 관련된 4가지 요소로 구성된다.

1. 통계적 질문(자료로 해결할 수 있는 질문) 설정하기
2. 자료 수집을 계획하고, 실행하여 적절한 자료 수집하기
3. 자료 분석하기 - (자료에서 변이성의 패턴을 확인하고 기술하기위해 분포를 탐구하고 다양하게 표현해 분포의 다양한 특징 요약하기
4. 결과 해석하기 - 자료의 변이성을 고려하면서 제기된 질문에 대한 통계적인 답 제공하기

통계를 실행한다는 것은 통계적 문제해결 과정의 모든 요소를 경험하는 일이다.

통계적 문제해결 과정은 질문에서 시작한다. 예를 들어, 통계는 다음과 같은 질문에 답하는 데 유용하다.

- 질문 1: 대통령 선거에서 유권자는 어느 후보를 지지하는가?
- 질문 2: 유사한 직종에 종사하는 남자와 여자의 연봉을 어떻게 비교할 것인가?

이러한 질문에 답하려면 자료가 필요하다. 자료는 어떤 *변수*

(variable)를 관찰하거나 측정한 것이다. 통계에서, 변수는 한 개체와 다른 개체를 구분 짓는 특성을 말한다. 예를 들어 모든 유권자가 특정 후보자만 선택하지 않을 것이며, 같은 직장에 있는 직원들의 연봉은 서로 다를 것이다.

첫 번째 질문에 대답하기 위하여, 유권자 집단을 선택하고 각각에게 특정 후보에게 투표할 것인지를 물었다. 이 때, 대답으로 가능한 선택지는 "네", "아니오", "확실하지 않다"이고, 유권자의 응답은 이 세 가지 범주 중 하나에 속하기 때문에, *범주형*(categorical) 변수이다. 이러한 경우, 각 범주 별 응답자의 수 또는 응답률로 이 자료를 요약하는 것이 일반적이다.

두 번째 질문에 대답하기 위하여, 먼저 남자와 여자의 직종을 확인한다. 남자 집단과 여자 집단을 구분하고 각 집단의 "연봉"을 기록한다. 이 값은 산술 연산이 가능한 수이기 때문에, 연봉은 *수치형(quantitative)* 변수이다. 예를 들어, 이 경우에는 이 자료에 대한 요약치로서 평균 연봉을 계산하는 것은 의미가 있다.

어떤 변수는 수를 값으로 갖지만 수치형 변수가 아니라는 점에 유의해야 한다. 예를 들어, 설문조사에서 각 사람들에게 우편번호를 물어보면, 결과로 나온 자료는 수로 나타나지만 우편번호의 평균은 무의미하다. 우편번호는 수를 조합한 이름일 뿐이다. 우편번호는 범주형 변수이며 개인이 거주하는 도시에 관한 정보를 제공한다.

선택된 집단에서 수집한 자료는 더 큰 집단에 대한 자료를 대표한다(예, 모든 유권자 또는 특정 직종에 종사하는 모든 사람). 이 때, 더 큰 집단을 *모집단* 그리고 선택된 집단을 *표본*이라고 부른다. 통계적 문제해결의 중요한 요소는 표집 전략을 설계하고 실천하는 것이다. 즉, 연구 질문과 관련하여 모집단을 대표하는 표본을 선택해야 한다. 대표성 있는 표본을 선택하는 가장 일반적인 전략은 표본 선택 절차에 *무작위성*을 부여하는 것이다. 표본에서 얻은 결과를 모집단으로 일반화하고 싶다면, 모집단을 대표하는 표본이 매우 중요하다.

통계에서는 자료의 수치적 요약(numerical summaries)을 보고하는 것이 일반적인데, 모집단에 근거한 수치적 요약과 표본 자료에 근거한 수치적 요약을 구분하는 것이 중요하다. 모집단에 대한 수치적 요약을 *모수(parameters)*, 표본에 대한 수치적 요약을 *통계량(statistics)으로* 부른다. 예를 들어, 모든 유권자의 45%가 특정한 후보자를 지지한다고 가정하자. 이 때 백분율(percentage)은 *모수*이다. 만약 200명의 유권자 표본을 선택하고, 표본에서 43%의 유권자가 후보자를 지지한다면 이 때의 비율은 통계량이다. 표본에서의 비율이 모집단에서의 비율과 같지 않다는 점에 주의해야 한다.

통계는 질문에 답하기 위하여 자료를 수집한다. 예를 들어 같은 직종에 종사하는 여자와 남자의 소득을 비교하려면, 연봉에 대한 자료의 표본을 수집한다. 표본의 자료는 다양하며 이러한 변이 속의 패턴을 확인하는 것이 질문에 답하는 과정이다. Wild(2006)는 "통계학자는 '분포'라는 렌즈를 통하여 변이(variation)를 탐구한다."(p.11)라고 말하였다.

표본 내에서 자료의 변이(variation)는 *표본 분포(sample distribution)*로 나타낼 수 있다. 표본 분포의 표현은 자료 값이 무엇이고 각 자료 값이 얼마나 많이 나타나는지에 대한 정보를 제공한다. 분포를 그래프, 표, 수치적으로 요약할 수 있다. 자료 분석의 목적은 분포를 나타내는 다양한 표현을 탐구하여 다음을 성취하는 것이다.

- 자료의 변이성을 잘 이해한다.
- 자료의 변이성에서 나타나는 패턴이나 경향을 확인한다.
- 분포의 중요한 측면을 요약한다.

통계 연구의 결과는 변이성 있는 자료에 근거하므로, 결과 해석은 이러한 변이성을 고려해야 한다. 유사한 직종에 종사하는 사람들의 연봉은 다양하므로 연봉에 대한 자료 해석은 이러한 변이성을 기술해야 한다. 유사한 직종에 종사하는 남자와 여자의 연봉 차이를 논의하려면 각각의 표본 분포를 비교해야 한다. 그러한 비교는 두 분포의 유사점과 차이점을 확인하는 과정이다.

지금까지 우리는 통계란 통계적 질문으로 시작하는 문제해결 과정이라는 점을 강조했다. 통계적 질문을 해결하기 위해 자료가 필요하다. 결과의 분석과 해석의 성격은 제기된 질문, 수집된 자료의 유형, 자료를 수집한 방법에 따라 결정된다. GAISE에 제시된 통계적 문제해결 과정의 각 단계에서 변이성이 핵심적인 역할을 한다는 점에 주목해야 한다.

통계적 문제해결 과정을 경험하는 것은 통계의 핵심 아이디어를 이해하는 데 중요하다. 이 책에서 다루는 핵심 아이디어 및 이와 관련된 필수 이해는 앞으로 이러한 관점에서 자세하게 논의할 것이다. 다음에 나오는 핵심 아이디어 및 필수 이해의 목록은 각 아이디어에 대해 개략적으로 파악할 수 있도록 해준다. 또한 책을 읽으면서 핵심 아이디어와 필수 이해를 다시 언급할 때 편의를 위해 여기에 목록을 제시한다. 지금 바로 읽어보기를 권한다. 그러나 지금 이 시점에서 완전히 이해해야 한다고 생각하지 않아도 된다. 우리는 각 단원에서 하나씩 차례대로 상세하게 논의할 것이다.

Big idea

핵심 아이디어 1. 분포는 자료의 변이성을 기술한다.

필수 이해 1a. 그래프와 표는 범주형 자료의 분포를 나타내는데 유용하다.

필수 이해 1b. 범주형 자료의 수치적 요약은 분포에 대한 특별한 측면을 기술하는데 유용하다.

필수 이해 1c. 그래프와 표는 수치형 자료의 분포를 나타내는데 유용하다.

필수 이해 1d. 수치형 자료의 수치적 요약은 분포의 중심을 측정하는데 유용하다.

필수 이해 1e. 수치형 자료의 수치적 요약은 분포 안에서 변이성의 정도를 측정하는데 유용하다.

필수 이해 1f. 그룹으로 나눈 자료에 대한 그래프와 표는 수치형 자료의 분포를 나타내는데 유용하다.

필수 이해 1g. 수치형 자료에 관한 분포의 중심을 기술하기에 가장 알맞은 요약 측도를 결정하는 데, 분포의 형태가 영향을 준다.

필수 이해 1h. 자료를 크기 순서로 정렬한 다음 동일한 크기로 그룹화하여 작성한 그래프와 표는 수치형 자료의 분포를 나타내는데 유용하다.

필수 이해 1i. 수치형 자료의 몇 가지 수치적 요약은 극단적인 자료 값 즉, 특이점의 영향을 상대적으로 덜 받는다.

Big idea

핵심 아이디어 2. 통계는 둘 이상의 자료 집단을 비교하는데 유용할 수 있다.

필수 이해 2a. 분포 사이의 유사점과 차이점을 비교하는 것은 둘 이상의 자료 집단을 비교하는데 핵심이다.

필수 이해 2b. 둘 이상의 분포 사이의 분리 정도는 분포 내의 변이성의 크기와 관련이 있다.

핵심 아이디어 3. 이변수 분포는 두 변수에 관한 자료에서 공변동의 패턴이나 경향을 표현한다. Big idea

필수 이해 3a. 그래프와 표는 두 범주형 변수의 자료에 대한 이변수 분포를 나타내는데 유용하다.

필수 이해 3b. 두 범주형 변수 사이의 상관관계를 확인하는 데 조건부 상대도수 분포가 유용하다.

필수 이해 3c. 두 수치형 변수에 대한 자료의 이변수 분포를 나타내는 데 표와 그래프가 유용하다.

필수 이해 3d. 상관계수는 이변수 자료의 수치적 요약으로서, 두 변수 사이의 관계에 대한 강도를 측정한다.

필수 이해 3e. 두 수치형 변수에 대한 이변수 자료의 경향이 선형적일 때, 중심선(centrally located line)은 예측에 유용하다.

핵심 아이디어 4. 추리 통계는 모집단의 표본을 사용하여 모집단의 특징을 기술한다. Big idea

필수 이해 4a. 통계량의 표집분포는 동일한 모집단에서 같은 크기로 뽑은 다수의 표본에서 구한 통계량 값의 표본 간 변이성을 기술한다.

필수 이해 4b. 표본을 선택하는 공정한 방법은 모집단에서 단순 무작위 표본을 선택하는 것이다.

필수 이해 4c. 무작위 표집으로 구한 통계량의 표집분포에서 예측할 수 있는 패턴을 통해 모집단에 관해 추리할 수 있다.

핵심 아이디어 1

자료와 분포에서 변이성

Big idea

핵심 아이디어 1. 분포는 자료의 변이성을 기술한다.

수집한 자료를 분포로 나타냄으로써 우리는 자료 값이 무엇인지, 각 자료 값이 얼마나 많이 나타나는지, 자료의 변이성이 어떠한지를 알 수 있다. 통계에서 자료 분석은 자료의 수치적 요약을 계산하고 분포를 나타내는 표와 그래프를 탐구하여 변이성을 이해하는 활동이다. 제기된 질문, 수집한 자료의 유형, 자료를 수집한 방법, 변이성의 성격에 따라 어떤 표현과 요약을 사용할 것인지를 결정한다.

1) 범주형 자료의 분포 나타내기

필수 이해 1a. 그래프와 표는 범주형 자료의 분포를 나타내는데 유용하다.

많은 통계적 질문은 일변수 범주형 자료를 요구한다. 범주형 자료의 분포를 탐구하는 것은 각 범주 별 응답 도수(개수) 또는 상대 도수(비율)를 요약하는 것이다. 예를 들어, 다음 상황을 생각해 보자:

예 1.1: 좋아하는 반려동물
우리 지역의 반려동물 가게에서 반려동물의 주인이 가장 필요로 하는 상품을 예측하고 싶다.

반려동물 상점 주인의 6학년 딸이 통계 수업을 공부한다고 가정하면, 그녀는 수업에서 이러한 문제를 다룰 것이다. 반려동물에 관하여 제기된 질문은 적절한 결론의 유형뿐만 아니라 수행될 분석과 수집될 자료의 특성을 결정할 것이다. 교실 토론을 한 후, 학생들은 다음과 같은 통계적 질문을 탐구하기로 결정한다: "어떤 종류의 반려동물을 좋아하는가?"

이러한 질문은 좋아하는 반려동물이라는 범주형 변량(categorical variable)에서 자료를 수집한다. 이러한 변량에는 제공된 선택사항에 따라 여러 가지 잠재적인 범주들이 있다. 첫번째 방법은 개방형 응답 항목을 허용하여 학생들에게 좋아하는 반려동물을 표현하도록 하는 것이다. 두 번째 방법은 학생들이 좋아하는 반려동물을 선택할 수 있도록 제한된 응답 목록을 제공하는 것이다. 예를 들어, "개", "고양이", "물고기", "새", "파충류", "설치류", "말", "없음", "그 외" 등으로 목록을 구성할 수 있다. 이러한 목록에서 가능한 응답의 수는 단지 "개", "고양이", "없음" 또는 "그 외"와 같은 선택사항으로 구성된 목록과 다를 수도 있다. 다음 예와 같이, 학생들에게 좋아하는 반려동물을 목록에서 선택하는 것이 아니라 간단하게 말하도록 하였다.

위 질문과 관련하여 우리의 관심사는 사람들의 좋아하는 반려동물의 종류이지만 이에 답하기 위해 6학년 한 개 학급을 활용하였다. 이 학급의 학생들은 관심의 대상인 모집단(이 지역에서 모든 반려동물의 주인들)으로부터 하나의 *편의표집 (convenience sample)*이 된다. [그림 1.1]은 좋아하는 반려동물의 종류에 대해 학생 32명으로부터 얻은 자료라고 가정하자.

조나단 - 개	라울라 - 고양이	메리 - 고양이	기븐 - 개
모간 - 개	메간 - 개	휘트니 - 개	미셀 - 새
홀리스 - 고양이	레베카 - 새	에쉴린 - 개	덴 - 고양이
로버트 - 개	테오도로스 - 뱀	저스틴 - 새	저스틴 - 고양이
제프리 - 고양이	저스틴 - 개	사라 - 고양이	코레트 - 개
스테판 - 물고기	카세린 - 고양이	사라 - 개	라우렌 - 고양이
에릭 - 개	존 - 개	엔드리아 - 고양이	러셀 - 고양이
레슬리 - 고양이	로버트 - 개	카메나 - 물고기	제니 - 개

[그림 1.1] 학생 32명이 좋아하는 반려동물의 종류

자료를 수집하고 난 후의 다음 단계는 질문에 관한 자료가 우리에게 말해주는 것이 무엇인지를 좀 더 이해할 수 있도록 조직된 방법으로 요약하는 것이다. 일변수 범주형 자료를 조직하고 요약하는 방법에는 여러 가지가 있다. 우선, 반려동물의 종류에 따라 좋아하는 학생의 수를 센다. 이를 *도수표(frequency table)*로 요약하면 [그림 1.2]와 같다.

반려동물 유형	도수(학생 수)
새	3
고양이	12
개	14
물고기	2
뱀	1

[그림 1.2] 좋아하는 반려동물 유형에 대한 도수

[생각해보기 1.1]은 도수와 자료의 차이점을 고려할 기회를 제공한다.

생각해보기 1.1

자료처럼 도수를 다루는 것은 사람들이 범주형 자료에 대한 도수분포표를 조사할 때 하는 일반적인 오류이다. 좋아

하는 반려동물에 관한 문제를 해결하는데 사용하는 자료는 무엇인가? 도수는 자료의 무엇을 나타내는가?

이러한 문제를 위한 자료가 "당신이 좋아하는 반려동물은 무엇인가?"라는 질문을 위한 대답이라는 것을 기억하는 것이 중요하다. 응답이 얼마나 여러 번 나타나는지에 관한 정보를 주는 것이 도수이다. 이러한 수는 표본에 대한 수치적 요약이기 때문에, *통계량(statistics)*[2)]이다.

범주형 자료의 분포에 대한 두 번째 표현은 [그림 1.3]과 같은 *상대도수 분포표(relative frequency table)*이다. 각 범주에 대한 도수를 조사된 전체 수로 나누어 각 범주의 상대 도수를 결정한다. 상대 도수는 소수로 기록될 수도 있지만, 종종 퍼센트로 나타낸다. 퍼센트는 크기 100인 그룹에 대한 상대적인 결과를 나타낸 것이다. 이러한 상대도수는 표본에 대한 수치적 요약이기 때문에, 이것도 역시 통계량이다. 도수분포표와 상대도수분포표는 일반적으로 범주형 변수에 대한 자료의 분포를 표로 표현하는 것이다.

반려동물의 종류	상대도수(%)
새	$\frac{3}{32} \approx 0.09(9\%)$
고양이	$\frac{12}{32} \approx 0.38(38\%)$
개	$\frac{14}{32} \approx 0.44(44\%)$
물고기	$\frac{2}{32} \approx 0.06(6\%)$
뱀	$\frac{1}{32} \approx 0.03(3\%)$
합계	$\frac{32}{32} \approx 1.00(100\%)$

[그림 1.3] 좋아하는 반려동물 유형에 대한 상대도수 분포표

2) statistics 이하 통계량이라 한다.

도수분포표와 상대도수 분포표에 더하여, 범주형 자료의 분포를 나타내는데 시각적 요약이 사용될 수 있다. 범주형 자료에 대한 두 개의 기본적인 그래프는 *막대그래프(bar graph)*와 *원 그래프(pie chart)*이다. 막대그래프는 [그림 1.4]와 [그림 1.5]처럼 각각의 응답에 대한 도수 또는 상대도수를 나타낸다.

[그림 1.2~1.5]에서, 알파벳 순서대로 범주들을 배열하거나, 종종 도수(또는 상대도수)에 따라 범주들을 배열한다. 가장 높은 도수의 범주가 처음 순서로, 다음으로 높은 도수가 두 번째 순서가 된다. 범주들의 이러한 순서에 따라 그린 막대그래프를 *파레토 막대그래프(Pareto bar graph)*라고 부른다. [그림 1.6]은 좋아하는 반려동물의 자료에 대한 상대도수 파레토 막대그래프이다.

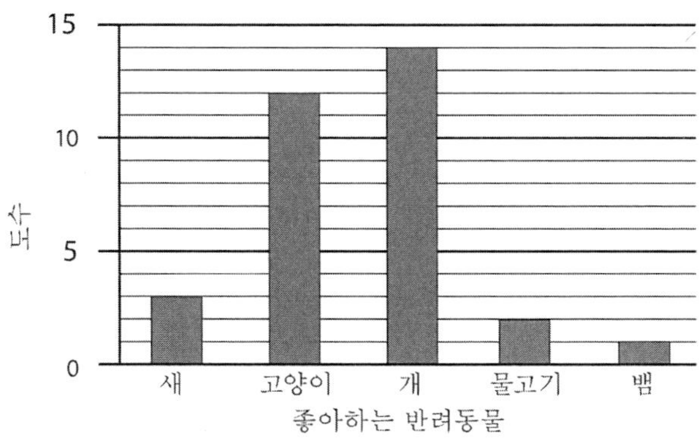

[그림 1.4] 좋아하는 반려동물 유형에 대한 도수 막대그래프

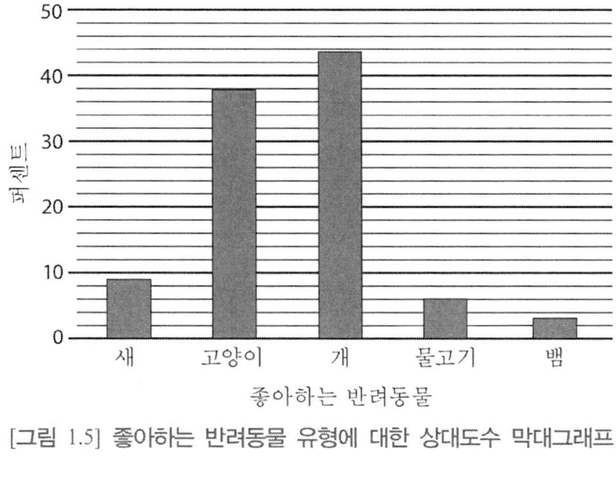

[그림 1.5] 좋아하는 반려동물 유형에 대한 상대도수 막대그래프

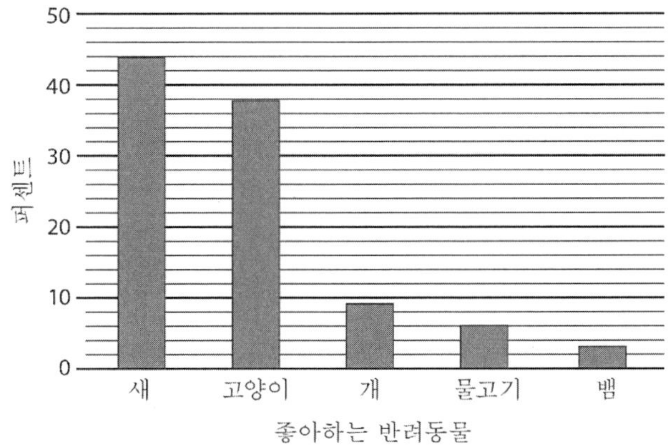

[그림 1.6] 좋아하는 반려동물 유형에 대한 상대도수 파레토 막대그래프

상대도수에 기초한 또 다른 유용한 그래프 표현은 *원그래프*이다. 좋아하는 반려동물의 자료에 대한 원그래프는 [그림 1.7]과 같다. 원그래프에서, 원의 전체 넓이에 대한 부분의 넓이는 부분을 나타내는 범주의 상대도수에 대응한다.

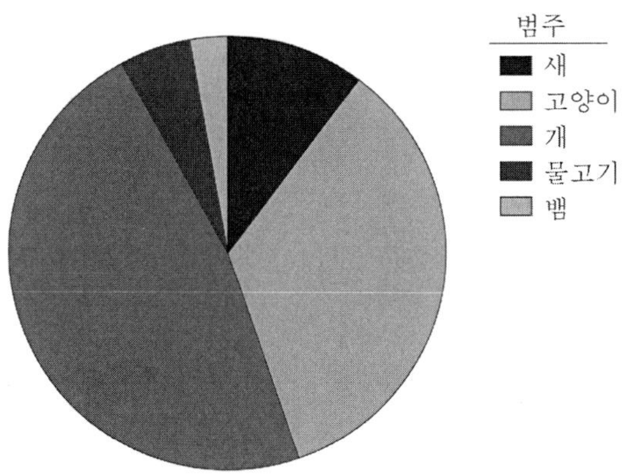

[그림 1.7] 좋아하는 반려동물 유형에 대한 원그래프

2) 범주형 자료의 수치적 요약

> 필수 이해 1b. 범주형 자료의 수치적 요약은 분포에 대한 특별한 측면을 기술하는데 유용하다.

범주형 변수의 자료에 대한 표와 그래프 표현은 자료의 분포의 중요한 측면을 확인하는데 유용하다. [그림 1.2~1.5]에서 범주들을 알파벳 순서에 따라 놓는 것이 편리하다. 그러나 "좋아하는 반려동물"의 범주에 정해진 순서가 있는 것은 아니므로, 배열을 바꿀 수 있다. 결국, 이와 같은 범주형 자료에서는 분포의 *중심(center)*에 대한 개념이 의미가 없다. 대신 가장 많이 나오는 응답이 종종 자료의 대표하는 값으로 사용된다. 이러한 양을 *최빈값(mode)* 또는 *최다 범주(modal category)*라고 한다.

❶ 최빈값

최빈값은 범주형 자료에 대한 "전형적인" 응답을 기술하는 유일한 방법이다. 위의 자료에서 가장 좋아하는 반려동물에 대한 질문의 가장 많은 응답은 "개(dog)"이다. 최빈값은 가장 많은 반응이 나타난 범주를 나타내는 것으로, 범주의 도수를 말하는 것이 아님에 유념해야 한다. 최빈값을 구할 때 흔히 범하는 오류는 도수를 최빈값으로 말하는 것이다. [생각해보기 1.2]에서 이러한 오류를 자세히 살펴보도록 하자.

생각해보기 1.2

도수를 최빈값으로 구하지 않도록 어떻게 학생들을 도울 수 있는가?

좋아하는 반려동물에 대한 32명 학생들의 자료의 경우, "개"는 응답 중 14번, 즉 전체 응답에 44%였다. 이러한 예에서, "최다 범주는 '개'이다"라고 올바르게 말해야 하지만, 몇 명의 학생들은 최빈값을 14라고 말하였다. 학생들이 최빈값을 정확하게 말하도록 돕는 한 가지 방법은 질문의 맥락 안에서 말하도록 하는 것이다. 예를 들어, 학생들은 좋아하는 반려동물에 대한 최빈값을 "개"라고 해야 한다.

다양한 최빈값을 가지는 범주형 자료는 드물지 않다. 예를 들어, 두 명의 아이들이 좋아하는 반려동물에 관한 설문조사를 하였고 두 명 모두 그 결과가 "고양이"이었다면, 결과로 나온 자료는 두 개의 최빈값이 될 것이다("고양이"와 "개" 모두 14번 나왔다.). 최빈값이 여러 가지인 경우, 대표적인 응답을 확인하기 더 어렵게 된다. 가장 극단적인 상황으로는 가능한 응답이 모두 똑같이 나오는 것이고, 그러한 경우 모든 범주는 최빈값이거나 최빈값이 없게 된다. 각각의 경우, 최빈값은 자료를 위한 대푯값에 관한 어떠한 유용한 정보를 제공하지 못한다.

❷ 범주형 자료에서 변이성

자료에 대한 또 다른 중요한 특징은 자료 안에 있는 변이성의 크기이다. 범주형 자료에 대하여, 같은 응답이 많을수록 자료 안에 존재하는 변이성은 더 적어진다. 예를 들어, 25명의 아이들에게 "개 또는 뱀 중 더 좋아하는 반려동물은 무엇인가?"라는 질문을 하고 23명이 "개"라고 대답하였다고 가정하자. 이러한 경우 92%가 같은 대답을 하였고, 그래서 자료 안에서 변이성이 거의 없다고 할 수 있다. 이 표본이 모든 아이들을 대표한다면, 다른 아이에게 같은 질문을 하더라도 "개"라고 응답할 것이라고 예측하는 데 무리가 없을 것이다.

반면에, 25명의 아이들에게 "개와 고양이 중 더 좋아하는 반려동물은 무엇인가?"라는 질문을 하고 그들 중 13명이 "개"라고 대답하였다고 가정하자. 이러한 경우 52%가 "개"라고 대답하고 48%가 "고양이"라고 대답한 것이며 이 자료 안에는 많은 변이성이 존재한다. 이 표본이 모든 아이들을 대표하고 다른 아이에게 같은 질문을 한다면, "고양이"라고 대답한 것과 "개"라고 대답한 퍼센트가 거의 같기 때문에 그 대답을 예측하기 어려울 것이다. 특별한 범주형 변수의 자료에 대하여, 분포가 *균등분포(uniform distribution*; 모든 범주들이 같은 도수나 상대도수를 가지는)에 가까울수록, 자료에는 변이성이 더 존재한다. Kader와 Perry(2007)는 범주형 자료에서 변이성에 대한 좀 더 깊은 논의를 제공하였다.

좋아하는 반려동물 유형에 대한 32명의 학생들의 자료에서, 분포는 균등하지 않고, 그래서 이러한 자료에는 변이가 많지 않다. 이러한 경우, 응답의 81.3%가 "개" 또는 "고양이"이었다. 표본이 고양이 주인을 대표하고 다른 사람들에게 같은 질문을 한다면, 우리는 그 대답이 "개"이거나 "고양이"이라는 예상을 확신할 것이다. 이러한 결과로부터 반려동물 상점이 주로 고양이나 개를 위한 상품을 제공하면 된다고 제안할 수 있다.

많은 통계적 질문은 한 가지 범주형 변수에서 수집된 자료를 통해 다루어진다. 모든 응답이 같은 범주에 있는 것이 아니라면, 자료는 다양하고 자료의 분포에 의해 변이성이 나타난다. 분포는 발생하는 자료 값이 무엇이고 각 자료 값이 어떻게 생기는 지에 대한 정보를 제공하고, 변이성에서 패턴을 확인하는데 유용하다. 범주형 자료의 한 집합에 대하여, 분포에 대한 도수분포표, 상대도수 분포표, 막대 그래프, 원 그래프를 포함하여 다양한 표준적인 표와 그래프 표현들이 가능하다. 범주형 자료의 집합이 한 개의 최다 범주를 가질 때, 최다 범주값은 전형적인 응답 범주를 나타내는 데 유용하다. 최빈값에 해당하는 범주가 하나인 경우, 그 범주에 자료의 개수가 많을수록 자료의 변이성은 작아진다.

3) 수치형 자료의 분포 나타내기

> 필수 이해 1c. 그래프와 표는 수치형 자료의 분포를 나타내는데 유용하다.

많은 통계적 탐구에서는 수치형 변수(variable)에 해당하는 자료를 필요로 하고, 결과를 해석할 때는 자료에서 드러나는 변이성을 설명해야 한다. 우리는 수치형 자료 분석에서, 변이성의 패턴을 확인함으로써 자료에 존재하는 변이성을 좀 더 잘 이해하고 자료의 중요한 측면을 요약하는 것을 개발하도록 애쓴다.

수치형 자료에 대한 논의를 시작하기 위하여 다음과 같은 예를 생각해 보자.

예 1.2: 공부시간. 중학교 학생들이 하루 동안 교실에서 숙제하는 시간은 학생에 따라 상당히 다양하다. 부모들은 학생들에게 숙제가 너무 많다는 우려를 중학교 교장 선생님에게 전달하였다.

부모들의 우려를 처리하기 위하여, 교장선생님은 다음과 같은 통계적 질문을 탐구하기로 결정하였다. "중학교 학생들은 매일 숙제를 하는데 얼마나 많은 시간을 보내는가?"

교장 선생님은 수치형 변수를 하루에 숙제를 하는데 보내는 *시간*(분)으로 하여 자료를 수집하기로 결정하였다. 다음과 같은 논의에서, 이러한 변수는 *공부 시간(study time)*으로 언급될 것이다. 학교의 7학년 학생 28명에게 하루에 자신의 공부 시간(숙제하는 데 보내는 시간-분)을 모니터하도록 요구하였다. 결과로 나온 자료를 오름차순으로 정리하면 다음과 같다:

20 25 35 40 45 46 50 55 56 56 57 60 60 60
62 62 63 64 65 65 65 66 66 68 69 70 71 75

이 중학교에 다니는 모든 학생들이 모집단이고 28명의 학생들은 모집단으로부터의 표본이다.

수치형 자료의 분포를 표현하기 위한 다양한 그래프 표현이 가능하다. 더 작은 자료 집합에 대하여, 이러한 표현들은 손으로 그릴 수 있다. 좀 더 큰 자료 집합에 대하여, 통계 컴퓨터 소프트웨어나 계산기 등이 많은 표준적인 표현들을 구성하는데 사용될 수 있다. 손으로 몇 가지 표현을 해보는 것은 다양한 표현을 좀 더 이해하도록 하는데 도움이 된다.

점그래프(dot plot; 또는 *선 그림 line plot)*는 수치형 자료의 분포를 위한 기초적인 그래프 표현이다. 다음과 같이 점그래프를 그린다.

- 여러 가지 자료 값의 범위를 포함하는 눈금이 표시된 수평 축을 제시하고
- 수평축의 적절한 눈금 위에 자료 값을 점(•) 또는 그 밖의 다른 표시("×"와 같은)로 나타낸다.

[그림 1.8]은 공부시간의 자료에 대한 점그래프이다. 각 점은 자료에 대한 값을 나타내는 것이다. 점그래프는 다양한 공부시간의 도수와 개별적인 공부시간을 나타낸다.

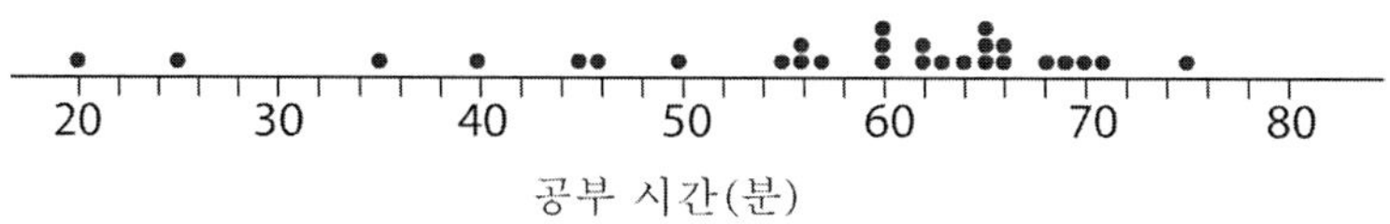

[그림 1.8] 28명 학생들의 공부시간에 대한 점그래프

중학교 학생들이 공부하는 시간에 관하여 이 28명의 학생들의 공부시간이 제시하는 것은 무엇인가? 공부시간은 다양하기 때문에, 모든 학생들을 적절하게 기술할 수 있는 한 가지 시간을 결정해야 한다고 기대하지는 않는다. 결국 수치형 자료에 대한 통계적 해석은 가끔 값에 대한 구간을 사용한다. 예를 들어, 자료에 대한 중심이나 덩어리(clusters)를 확인하는 것뿐만 아니라 모든 자료가 위치하는 곳을 보여주는데 유용하다. 하나의 자료 덩어리는 상대적으로 서로 가까이 있는 많은 자료 값들이다. 공부시간에 대한 점그래프로부터, 다음을 알 수 있다.

- 모든 공부시간(100%)은 20분과 75분 사이에 있다
- 12개의 공부시간(43%)은 60분과 66분 사이에 있다
- 20개의 공부시간(71%)은 55분과 71분 사이에 있다

■ 24개의 공부시간(86%)은 45분과 75분 사이에 있다

(우리가 사용한 구간이 모두 *닫힌* 구간임을 주의하라 - 즉, 끝점을 *포함*하고, 이러한 경우 자료 집합에서의 값이다.)

분포의 일반적인 패턴을 따르지 않는 자료 값을 확인할 필요가 있다. 이 예에서, 45분 이하인 공부시간은 다른 공부시간과 약간 분리되어 나타난다. 4개의 공부시간 중 2개(20분과 25분)는 특히 적게 나타난다.

범주형 자료처럼, 각각의 공부시간을 요약하여 도수분포표와 상대도수 분포표를 만들 수 있다. 그러나 공부시간이 제각각이고, 대부분의 경우 한 번씩만 나타나기 때문에, 표는 유용한 정보를 제공하지 못한다. 대신에, 수치형 자료는 그룹으로 만들고 각 그룹의 도수(상대도수)를 결정한다. 그룹으로 만든 자료에 기초하여 만든 분포에 대한 표와 그래프 표현은 나중에 논의한다.

4) 분포의 중심 측정하기

> 필수 이해 1d. 수치형 자료의 수치적 요약은 분포의 중심을 측정하는데 유용하다.

수치형 자료는 다양하기 때문에, 자료를 표현하기 위하여 하나의 수치적 요약을 확인하는 것이 유용하다. 분포에서 중심에 있는 양은 종종 자료의 대표적인 값이 된다. 여러 가지 방식으로 수치형 자료를 위한 분포의 중심에 대한 개념을 고려하는 것이 가능하다.

모든 자료를 포함하고 구간의 중간(가운데; middle)으로 주심에 관해 생각하는 것이 한 가지 방법이다. 이 양은 *중간 범위(mid-range)*라고 부르고, 자료의 최솟값과 최댓값의 평균으로 결정된다. 28명 학생들의 공부시간의 중간 범위는 $\frac{20+75}{2}=47.5$

분이다. [생각해보기 1.3]은 중간 범위와 분포와의 관계에 대해 묻고 있다.

생각해보기 1.3

> [그림 1.8]에서 공부시간에 대한 중간 범위(47.5분)의 값은 점그래프 안에 있다. 중간 범위가 여러 가지 공부시간을 대표하는 것이 합리적인가? 47.5분 이하는 전체 공부시간의 몇 퍼센트인가? 47.5분 이상은 전체 공부시간의 몇 퍼센트인가? 대표적인 공부시간을 확인할 수 있는 다른 방법을 생각할 수 있는가?

[그림 1.9]는 중간 범위 47.5분에 수직으로 선을 그린 28명의 공부시간에 대한 점그래프이다. 단지 공부시간 6개가(21.4%) 중간 범위 아래 있고, 반면에 22개가(78.6%) 중간 범위 위에 있다는 것에 주목하라. 중간 범위가 모든 자료를 포함하는 구간의 중심이더라도, 공부시간의 분포 내에서 중심에 위치하지도 않고 공부시간의 대표인 것 같지도 않다.

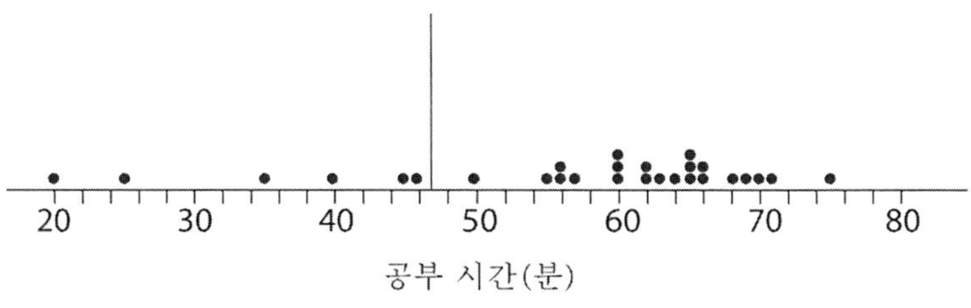

[그림 1.9] 중간 범위의 위치를 가리키는 수직으로 선을 그린 28명의 공부시간에 대한 점그래프

예 1.2의 28명의 공부시간을 순서대로 하여 중간 이하의 자료는 흐린 색으로 중간 이상의 자료는 진한 색으로 하여 다음과 같은 목록으로 작성하였다. 자료의 각 반이 공부시간 14개임을 주목하라.

20 25 35 40 45 46 50 55 56 56 57 60 60 60 |
62 62 63 64 65 65 65 66 66 68 69 70 71 75

따라서 이러한 28개의 공부시간에 대하여, 중앙값은 두 개의 중간 값(60분과 62분)의 평균이다. 즉, 중앙값(M)은 $\frac{60+62}{2}$분 즉, 61분이다. [생각해보기 1.4]는 중앙값에 대하여 그리고 분포와 중앙값과의 관계에 대하여 생각할 기회를 제공한다.

생각해보기 1.4

[그림 1.8]에서 공부시간의 중앙값(61분)은 점그래프 안에 있다. 여러 가지 공부시간을 대표하는 것으로 중앙값이 타당한가?
여러 가지 공부시간이 다른 것과 어떻게 다른지 생각해 보고, 중앙값 아래에 있는 14개의 시간과 중앙값 위에 있는 14개의 시간을 비교하면 무엇을 말할 수 있는가?

[그림 1.10]의 점그래프에서는 중앙값인 61분에 수직으로 선을 그리고, 28개의 공부시간을 나타낸다. 공부시간에 대한 중앙값으로서 61분은 공부시간을 대표하는데 61분보다 짧은 공부시간의 개수와 61분보다 긴 공부시간의 개수가 같다. 그러나 중앙값 아래에 있는 공부시간 대부분은 중앙값 위에 있는 것보다 더 퍼져 있다. 즉, 절반보다 아래에 있는 자료는 절반보다 위에 있는 자료보다 더 변이성이 있다.

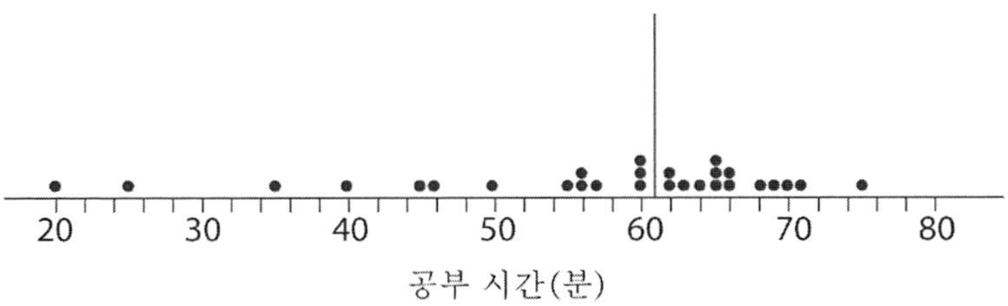

[그림 1.10] 중앙값의 위치에 수직으로 선을 그린 28개의 공부시간에 대한 점그래프

분포의 중앙에 관한 정보를 제공하는 또 다른 수치적 요약은 자료의 *평균(mean)*이다. 수치형 자료의 집합에 대한 평균은 자료에 대한 산술 평균이다. 28개의 공부시간에 대하여,

$$mean = \frac{20 + 25 + \cdots + 75}{28} = \frac{1596}{28} = 57\text{분}$$

[생각해보기 1.5]에서는 평균과 분포 사이의 관계에 주목한다.

생각해보기 1.5

[그림 1.8]에서 공부시간의 평균(57분)은 점그래프 안에 있다. 57분보다 아래에 있는 공부시간은 몇 퍼센트인가? 57분보다 위에 있는 것은 몇 퍼센트인가? 공부시간의 평균을 어떻게 해석해야 하는가?

[그림 1.11]의 점그래프는 평균 57분에 수직으로 선을 그린 28개의 공부시간을 나타낸다. 10개의 공부시간이 평균보다 아래에, 1개가 평균과 같고, 17개가 평균보다 위에 있다는 것에 주목하라. 중앙값과 다르게, 평균은 양 쪽의 자료 값의 개수가 반드시 같지 않을 수 있다.

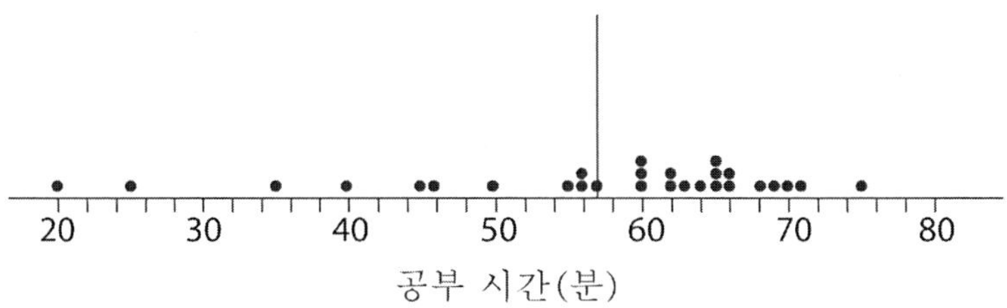

[그림 1.11] 평균의 위치에 수직으로 선을 그린 28개의 공부시간에 대한 점그래프

보통 평균에 대한 해석은 자료에 대한 산술평균이다. 그러나 이러한 해석은 평균을 구하는 방법을 알려 줄 뿐 평균이 분포

에 대해 무엇을 나타내는지에 대해서는 알려주지 않는다. 평균에 관해 생각하는 한 가지 방법은 모든 자료 전체에 대한 균등하며 공정한 재분배의 표현으로 다루는 것이다. 이러한 예에서, 28명의 학생들의 전체 공부시간은 1596분이었다. 28명의 학생들에게 동일하게 1596분을 재분배하면 각 학생들은 57분 동안 공부했다는 결과가 나온다. 평균에 대한 이러한 해석은 *공평한 분배(fair share)*, 또는 *균등한 분배 값(equal share value)*이라고 부른다. 28명의 학생들 그룹에서 각 학생들이 57분 공부하였다면, 이러한 학생들의 전체 공부시간은 원자료(original data)와 같은 총합인, 1596분이 될 것이다. 원자료에서 공부시간이 다양하다는 것이 차이점이지만, 모든 학생들이 57분 공부하였다면 자료에서 변이성이 없다는 것이 될 것이다.

공평한 분배와 다른 나눗셈 개념을 정교화하기 위하여 3-5학년을 위한 곱셈과 나눗셈의 필수 이해를 보라(Otto et al. 2011)

평균에 대하여 생각하는 다른 방법은 점그래프에서 표현된 분포에 대한 균형점(balance point)과 관련시키는 것이다. 이러한 아이디어에 대해 나중에 필수 이해 1e의 예에서 좀 더 자세히 논의한다. 또한 Uccellimi(1996)과 GAISE Framework (Franklin et al. 2007, pp.41-43)에서 모두 평균에 대한 깊은 이해를 개발하고 평균에 대한 해석들을 분명히 보여주기 위하여 조작적 활동과 그래프 활동들을 설명하였다.

필수 이해 1e.
수치형 자료의 수치적 요약은 분포 안에서 변이성의 정도를 측정하는데 유용하다.

이미 강조하였듯이, 표본 자료에 기초한 수치적 요약들은 *통계량(Statistics)*라고 부른다. 이제까지 검토한 자료에서 최소 공부시간, 최대 공부시간, 공부시간의 중간 범위, 공부시간의 중앙값과 평균 모두는 학생 28명이라는 하나의 표본에 기초한 통계량이다.

5) 분포에서 변이성의 크기 측정하기

필수 이해 1e. 수치형 자료의 수치적 요약은 분포 안에서 변이성의 정도를 측정하는데 유용하다.

예 1.2에서 탐구하였던 자료는 28명의 중학교 학생들의 공부시간을 기록한 것이다. 모든 학생들이 같은 시간동안 공부하지 않기 때문에, 결과로 나온 자료는 다양하다. 예를 들어 한 학생이 50분 공부하고 다른 학생이 65분 공부하면 그 차이는 15분이다. 단지 공부시간의 평균 또는 중앙값이 기록되었다면, 한 자료값이 다른 자료값과 어떻게 다른지에 대한 의미를 이해하지 못할 것이다.

자료 분석의 중요한 목적은 분포 내에서 변이성의 크기에 관한 정보를 제공하기 위해서이다. 통계에서는, 수치형 자료에서 변이성의 크기를 특징 짓는데 두 가지 접근이 유용하다. 한 가지 접근은 많은 개별적 자료 값이 다른 것과 얼마나 다른지를 측정하는 것이다. 두 번째 접근은 많은 개별적 자료 값이 평균이나 중간 값처럼 중심에 위치한 값과 얼마나 다른지 평가하는 것이다.

수치형 자료에 대한 분포에서 변이성이 어떤지 측정하기 위한 가장 기초적인 수치적 요약은 두 개의 자료값을 비교할 때 가장 극단적인 시나리오를 고려하는 것이다. 이러한 요약은 최대 자료값과 최소 자료값을 비교함으로써 결정된다. *범위(range)*는 최댓값과 최솟값 사이의 거리이며 어떤 두 자료값 사이의 가능한 가장 큰 차이를 가리킨다. 공부시간에 대한 자료에서, 범위는 (75-20)분 즉, 55분이다. 55분이라는 범위는 어떤 두 개의 공부시간이 55분 이상 차이가 나지 않는다는 것을 의미한다.

분포에서 변이성의 크기에 관해 생각하는 또 다른 방법은 각각의 자료값이 평균으로부터 얼마나 벗어나 있는지를 고려하는 것이다. 특히, 각각의 자료 값이 전형적으로 평균에서 얼마나 떨어져 있는지를 측정하는 것과 같다. 다음 두 개의 공부시간을 생각해보자.

학생 1: 공부시간 = 20분
학생 28: 공부시간 = 75분

평균이 57분이면, 학생 1의 평균으로부터 거리는 37분이고 학생 28의 평균으로부터 거리는 18분이다. 이러한 거리는 각각의 공부시간 - 평균 공부시간의 차이의 절대값으로 결정된다.

이러한 차이는 *평균으로부터 값의 편차(deviation of the value from the mean)*라고 부른다. 평균으로부터 편차는 음수 또는 양수가 될 수 있으며, 그 값이 평균보다 아래인지 위인지에 따라 결정된다. 평균으로부터 각각의 값에 대한 거리는 평균으로부터 각각의 편차의 절댓값이다. [그림 1.12]는 예 1.2의 28개의 공부시간에 대한 평균 공부시간으로부터의 거리와 편차를 나타낸다.

공부시간 (분)	평균으로부터 편차 (공부시간 -57)	절대 편차 |공부시간 -57|
20	-37	37
25	-32	32
35	-22	22
40	-17	17
45	-12	12
46	-11	11
50	-7	7
55	-2	2
56	-1	1
56	-1	1
57	0	0
60	3	3
60	3	3
60	3	3
62	5	5
62	5	5
63	6	6
64	7	7
65	8	8
65	8	8
65	8	8
66	9	9
66	9	9
68	11	11
69	12	12
70	13	13
71	14	14
75	18	18
합: 1596	0	284

[그림 1.12] 평균 공부시간으로부터 거리와 편차

[생각해보기 1.6]에서는 분포에 대한 중심으로서 평균의 개념에 주목한다.

생각해보기 1.6

[그림 1.12]를 사용하여, 평균보다 아래에 있는 10개의 값에 대하여 평균으로부터 거리의 총합을 찾으시오. 또한 평균보다 위에 있는 17개의 값에 대하여 평균으로부터 거리의 총합을 찾으시오. 두 개의 양은 어떻게 비교할 것인가?

[그림 1.12]에 따르면, 28개의 공부시간에 대한 평균으로부터 거리의 총합은 284분이다. 거리의 총합(142분)의 반은 평균보다 아래에 있는 10개의 값에 대응하고, 다른 절반(142분)은 평균보다 위에 있는 17개의 값에 대응하는 것을 보았다. 따라서 평균보다 아래에 있는 자료 값의 수가 평균보다 위에 있는 자료 값의 수와 같지 않더라도, 평균보다 아래에 있는 값에 대하여 평균으로부터 거리의 총합은, 평균보다 위에 있는 값에 대하여 평균으로부터의 거리의 총합과 같다. 또한, 음의 편차(deviation)가 양의 편차에 의해 "균형이 잡히기" 때문에, 평균으로부터 편차의 합은 항상 0(가능한 반올림 오차를 제외하고)이다.

각각의 자료 값이 평균으로부터 어떻게 다른 지에 대한 하나의 요약 측정은 *절대편차의 평균(mean of absolute deviation)* 즉, MAD을 결정함으로써 얻어질 수 있다. MAD는 절대편차의 산술 평균이다. 예 1.2의 자료에서 28개의 공부시간에 대하여, MAD는

$$MAD = \frac{284}{28} \approx 10.1\text{분}$$

이다.

따라서 이러한 28개의 공부시간에 대하여, 각각의 공부시간은 57분(평균 공부시간)에서 약 10.1분 정도 벗어나 있다. Kader

(1999)는 MAD에 대한 좀 더 상세한 논의를 제공한다.

비록 MAD는 분포 안에서 변이성의 크기에 대한 유용한 척도이지만, 분산과 표준편차는 여러 가지 각각의 자료 값이 평균으로부터 얼마나 떨어져 있는지를 특징짓는 가장 일반적으로 사용되는 요약이다. 평균(절대편차)으로부터 각 값의 거리를 찾는 대신, 분산과 표준편차를 알아내는 데 각각의 자료 값에 대하여 제곱 편차(제곱 거리)를 구한다.

*분산(variance)*은 평균으로부터 제곱 편차의 평균으로 정의된다. 그러나 분산을 찾는 두 가지 방법이 가능하다. 한 가지 경우는, 제수가 n일 때, 다른 경우는 제수가 $(n-1)$일 때이다. 제수가 다른 이유는 상당히 복잡하기 때문에 여기서 논의하지 않는다. Shaughnessy와 Chance(2005)는 편차가 제곱이 되는 이유와 가끔 n이 제수로서 사용되고 다른 때에는 $(n-1)$이 사용된 이유를 논의하였다. 예 1.2의 자료에서 28개의 공부시간에 대하여, $(n-1)=27$인 제수를 사용하여 분산은 183.6분이다. $n=28$의 제수를 사용하였다면, 분산은 177.0분이 되었을 것이다. 표본 자료를 다룰 때, 제수 $(n-1)$을 관례적으로 사용하였다.

분산이 MAD와 전혀 같아 보이지 않는다는 점을 염두에 두어야 한다. 이러한 차이점은 분산이 제곱 단위라는 사실에서 생긴다. *표준편차(standard deviation)*는 분산의 제곱근이다. 따라서 예 1.2의 자료에서 28개의 공부시간에 대하여, 표준편차 $=\sqrt{183.6}=13.5$분이다. MAD와 같이, 표준편차는 원자료와 같은 단위이고 각각의 자료 값이 보통 평균과 어떻게 다른지에 대한 척도를 제공한다는 것에 주목하라.

공부시간 자료에 대하여, 13.5분의 표준편차는 10.1의 MAD보다 상당히 크다. 이러한 차이는 (분포에서 일반적인 패턴에 맞지 않는) 4개의 최소 관측치(observation)의 영향에 기인한다. 이러한 4개의 관측치는 최대 편차를 가지며, 이러한 편차는 분산(variance)을 찾는 과정에서 제곱을 하기 때문에 MAD

보다 분산과 표준편차에 더 영향을 준다.

공부시간에 대한 범위, MAD, 분산, 표준편차는 모두 28명의 학생의 공부시간이라는 표본, 즉 표본 자료에 기초하기 때문에 모두 *통계량*이 된다. 이러한 통계량은 각각 수치형 자료의 분포에서 변이성의 정도에 관한 정보를 제공한다.

6) 자료를 그룹화하기

필수 이해 1f. 그룹으로 나눈 자료에 대한 그래프와 표는 수치형 자료의 분포를 나타내는데 유용하다.

예 1.2의 공부시간에 대한 논의 초기에, 수치형 자료의 분포에 대한 그래프 표현인 점그래프를 예로 제시하였다. 언급하였던 것처럼, 자료를 그룹으로 나누어 그룹화된 자료(*Grouped data*)를 그래프와 표로 나타내면 분포를 탐구하는데 유용하다.

수치형 자료를 분류하는 첫 번째 단계는 분포를 나타내기 위한 줄기와 잎 그림을 만드는 것이다. 예 1.2의 공부시간 자료에 대한 줄기와 잎 그림에서, 각 자료 값은 두 구성요소의 부분이 된다. 이 자료에서 자료 값의 십의 자리는 줄기, 자료 값의 일의 자리는 잎이 된다. 예를 들어 첫 번째 공부시간인 20은 2가 줄기이고 5가 잎이다. 여섯 번째 공부시간 46은 4가 줄기이고 6이 잎이다. 28개의 공부시간에 대한 줄기와 잎 그림은 [그림 1.13]과 같다. 줄기와 잎 그림에서 “‘2 | 0’은 20을 의미한다”와 같은 예로 개념을 설명하는 것이 핵심이다.

```
2| 05
3| 5
4| 056
5| 05667
6| 00022345556689
7| 015
```

[그림 1.13] 28개의 공부시간에 대한 줄기와 잎 그림(분)

[그림 1.13]에서 표시된 줄기와 잎 그림에서 줄기를 주의 깊게 보면, 최솟값을 나타내는 잎(The smallest possible leaf)은 0이고 최댓값을 타나내는 잎(The largest possible leaf)은 9이다. 각 줄기는 자료의 그룹을 나타낸다. [그림 1.13]에서 각각의 그룹의 빈도에 따라 줄기에 대응하는 그룹은 [그림 1.14]와 같다.

줄기	공부시간에 대한 그룹	도수
2	20~29분	2
3	30~39분	1
4	40~49분	3
5	50~59분	5
6	60~69분	14
7	70~79분	3

[그림 1.14] 공부시간에 대한 도수분포표

몇 개의 줄기에 너무 많은 잎이 있다면, 낮은 값의 잎(L)으로 된 줄기와 높은 값의 잎(H)으로 된 줄기로, 원래의 줄기를 반으로 나눌 수 있다. 공부시간에 대하여, 낮은 값의 줄기로 가능한 잎은 0-4이고 높은 값의 줄기로 가능한 잎은 5-9이다. 28개의 공부시간에 대한 줄기와 잎 그림에서 변이(variation)는 [그림 1.15]와 같이 나타낸다.

```
2L| 0
2H| 5
3L|
3H| 5
4L| 0
4H| 56
5L| 0
5H| 5667
6L| 0002234
6H| 5556689
7L| 01
7H| 5
```

[그림 1.15] 28개의 공부시간에 대한 높은 값의 줄기(H)와 낮은 값의 줄기(L)로 된 줄기와 잎 그림(분)

[그림 1.15]의 줄기와 잎 그림에서 관찰되는 분포의 많은 특징들은 [그림 1.8]에서 점그래프에서 관찰되는 것과 유사하다. 예를 들어,

- 모든 공부시간(100%)은 20분과 75분 사이에 있다.
- 공부시간 중 14개(50%)는 60분과 69분 사이에 있다.
- 공부시간 중 20개(71%)는 55분과 71분 사이에 있다.
- 공부시간 중 24개(86%)는 45분과 75분 사이에 있다.
- 다른 학생의 공부시간보다 다소 적은 40분 정도는 4개이고 이들 중 2개는 20분과 25분으로 다른 공부시간에 비해 특히 적어 보인다.

구간의 양 끝점이 다시 포함되고 자료 집합에서 공부시간을 나타낸다는 것에 주목하라.

분포의 한 가지 특징은 [그림 1.8]의 점그래프보다 [그림 1.15]의 줄기와 잎 그림에서 더 잘 나타난다. 줄기와 잎 그림은 다음을 명백히 보여준다.

공부시간의 7개(25%)는 60분과 64분 사이에 있고,
공부시간의 7개(25%)는 65분과 69분 사이에 있다.

이 각각의 그룹은 공부시간에 대한 *최빈 그룹(modal group)* 으로 간주된다. 줄기와 잎 그림에서 개별적인 자료 값 사이의 거리는 점그래프에 있는 것처럼 강조되지 않는다.

그룹에 따른 자료의 분포를 관찰하면서 다음 단계는 *히스토그램*을 그리는 것이다. [그림 1.15]에서 줄기와 잎 그림에 대응하는 히스토그램(frequency histogram)은 [그림 1.16]과 같다.

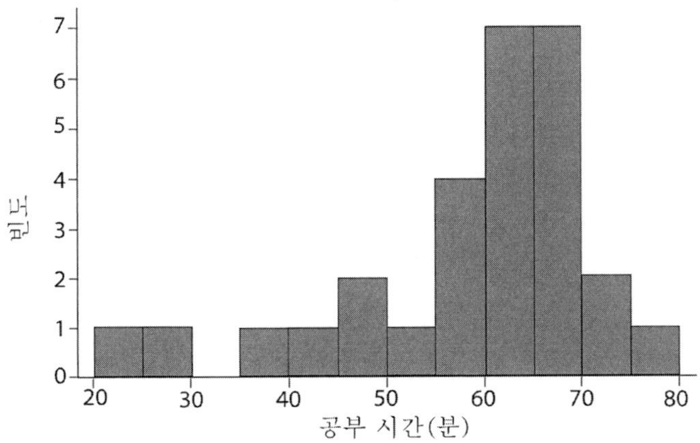

[그림 1.16] 28개의 공부시간에 대한 히스토그램

히스토그램에서 살펴본 분포의 특징은 줄기와 잎 그림에서 볼 수 있는 것과 유사하지만, 히스토그램에서 각 자료 값은 더 이상 사용할 수 없으며, 결국 자료의 해석이 구체적으로 될 수 없다. 예를 들어, 자료에서 최대 공부시간은 75분이었다. [그림 1.16]의 히스토그램에서는 "75~80분" 그룹의 도수는 1이며, 이 그룹의 공부시간은 75분이다. 히스토그램을 해석할 때, 구간 "75~80"는 75(포함)에서 80(제외) 사이의 자료 값을 의미한다는 것을 가정하고, 구간 "70~75"는 70(포함)에서 75(제외) 사이를 의미한다. 일반적으로 히스토그램을 해석할 때, 구간의 하한은 포함하고 상한은 포함하지 않는다는 것을 가정한

다. 특히, 이 예에 대하여 다음을 주목한다.

- 모든 공부시간(100%)은 20분과 80분 사이에 있다.
- 공부시간 중 14개(50%)는 60분과 70분 사이에 있다.
- 공부시간 중 20개(71%)는 55분과 75분 사이에 있다.
- 공부시간 중 24개(86%)는 45분과 80분 사이에 있다.
- 도수가 가장 많은 그룹은 60분에서 65분, 65분에서 70분 이며 이들은 공부시간에 대한 2개의 최빈 그룹이 된다.
- 학생 2명의 공부시간은 20분과 30분 사이에 있는데, 이는 다른 학생들보다 다소 적은 공부 시간이다.

히스토그램에서 그룹은 가끔 *계급(bin)*[3]이라 부른다. [그림 1.16]의 히스토그램에서 계급은 모두 같은 5라는 "너비"를 가지며 *계급의 폭(bin width)*라고 부른다. 히스토그램은 줄기와 잎 그림과 별개로 만들어질 수 있다. 예를 들어, [그림 1.17]의 히스토그램에서 계급은 너비가 4이고, 줄기와 잎 그림과 이 히스토그램은 대응되지 않는다.

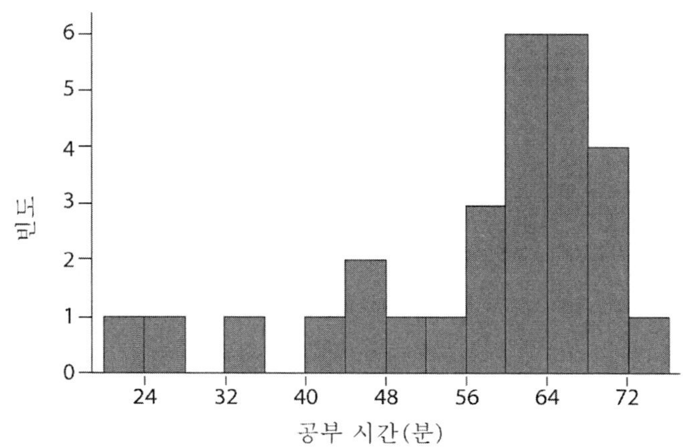

[그림 1.17] 너비가 4인 계급으로 된 28개의 공부시간에 대한 히스토그램

---

3) 번역자 주: 자료의 범위에서 일련의 동일간격을 말하는 것으로 대부분 히스토그램의 분할을 설명하는데 이용된다.

7) 분포의 형태

> 필수 이해 1g. 수치형 자료에 관한 분포의 중심을 기술하기에 가장 알맞은 요약 측도를 결정하는 데, 분포의 형태가 영향을 준다.

예 1.2의 공부시간에 대한 그래프는 분포의 가장 높은 부분에 대응하는 값이 없이 50분 아래에서 차츰 작아지는 여러 개의 공부시간을 나타낸다. 이러한 특징을 가진 분포는 분포의 *형태*에 대한 기술을 제공하는 표현, "오른쪽으로 치우친"[4] 것으로 보이게 한다. [그림 1.18]에서 점그래프는 수치형 자료에 대한 분포에서 생긴 몇 가지 일반적인 형태를 기술한다.

평균과 중앙값은 수치형 자료에서 분포의 중심에 대한 요약 측정치로 가장 널리 활용된다. 자료에 대한 대푯값으로서 평균이나 중앙값에 대한 선택은 분포의 형태에 따라 달라진다.

예 1.2의 공부시간 자료에서, 공부시간에 대한 분포의 형태는 오른쪽으로 치우쳐 있고, 중앙값은 61분, 평균은 57분이다. 이러한 경우에 평균은 중앙값보다 훨씬 더 편향되어 있다. 일반적으로 분포에서 왜도(skewness)는 편향의 방향으로 평균이 치우치는 경향이다. 이러한 이유 때문에, 편향된 분포에서는 일반적으로 대푯값의 특징을 나타내는데 중앙값이 사용된다. 한 개의 봉우리 모양이 있는 대칭 분포(단봉 대칭 분포; unimodal symmetric distribution)에서, 평균과 중앙값이 유사해야만 하고, 평균은 모든 자료에 기초하기 때문에 평균이 선호되는 척도이다. 공부시간의 분포가 오른쪽으로 치우쳐져 있기 때문에, 28명의 학생들에 대한 공부시간에 대해 중앙값 61분이 평균 57분보다 더 대표적이라고 생각된다.

---

4) 원문에서는 skewed-left이기는 하지만 '오른쪽으로 치우친'이라고 한다.

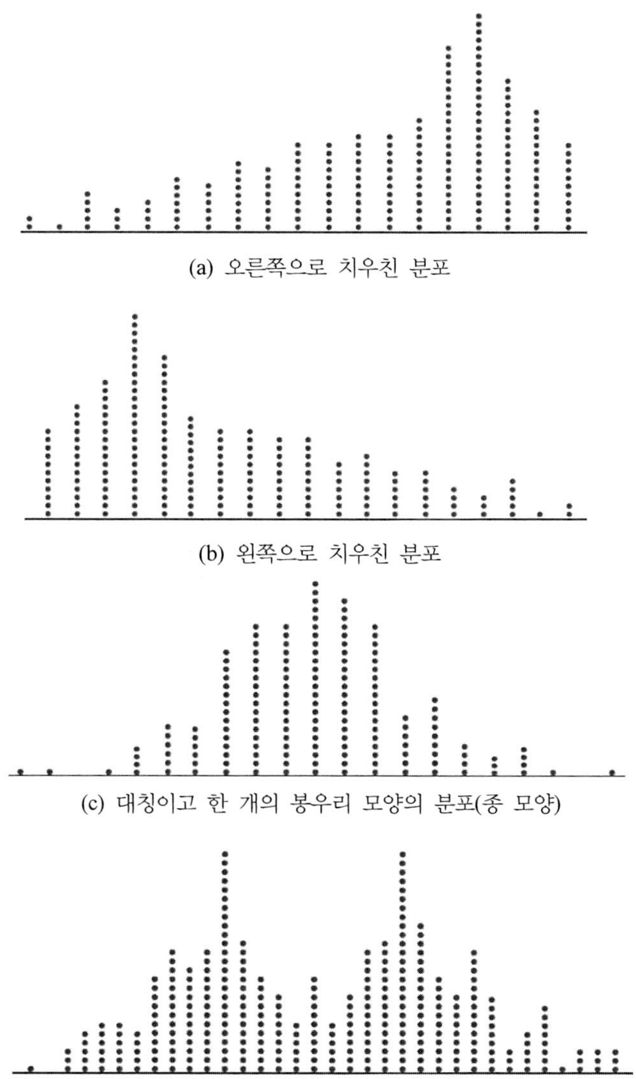

(a) 오른쪽으로 치우친 분포

(b) 왼쪽으로 치우친 분포

(c) 대칭이고 한 개의 봉우리 모양의 분포(종 모양)

(d) 대칭이고 두 개의 봉우리 모양의 분포

[그림 1.18] 몇 가지 일반적인 분포 형태

8) 그룹화의 다른 전략

필수 이해 1h. 자료를 크기 순서로 정렬한 다음 동일한 크기로 그룹화하여 작성한 그래프와 표는 수치형 자료의 분포를 나타내는데 유용하다.

통계에서 수치형 자료의 분포는 표와 그래프로 나타낸다. 자료의 수치적 요약에 의해 제공된 정보에 따라 자료의 형태, 중심 그리고 분포 안에서 변이성의 크기에 주목함으로써 분포의 다양한 특징을 기술하려고 시도한다.

수치적 요약을 모아 놓은 5개의 요약수(five-number summary)가 있다. 크기 순서로 정렬한 자료를 각각의 그룹 안에 (거의) 같은 개수의 자료 값(거의 25%)이 포함되도록 크기가 같은 4개의 그룹으로 나눈다. 5개의 요약수를 구하기 위해, 중앙값(M)은 자료를 하반부(lower half)와 상반부(upper half)의 두 부분으로 나누는데 사용된다.

제 1 사분위수(first quartile)와 제 3 사분위수(third quartile)는 자료를 반으로 나눈 것을 다시 반으로 나눈 값이다. 5개의 요약수는 최소 자료 값(Min), 제 1 사분위수(Q1), 중앙값(M), 제 3 사분위수(Q3), 최댓값(Max)로 구성된다. 이러한 5개의 요약수로 자료의 25%씩 구성된 4개의 그룹을 만든다.

이미 예 1.2를 탐구하면서 공부시간에 대한 최솟값, 중앙값, 최댓값을 논의하였다. 5개의 요약수를 완성하기 위하여, 공부시간에 대한 제 1 사분위수와 제 3 사분위수를 결정해야만 한다. 크기 순서로 정렬한 28개의 공부시간에 대한 자료는 다시 흐린 색으로 된 하반부와 진한 색으로 된 상반부로 하면 다음과 같다.

20 25 35 40 45 46 50 55 56 56 57 60 60 60 |
62 62 63 64 65 65 65 66 66 68 69 70 71 75

공부시간의 중앙값(61)은 28개의 공부시간을 반으로 나눈다. 아래와 같이 각각의 반을 다시 반으로 나누어, 각각의 $\frac{1}{4}$인 7개의 공부시간(자료의 25%)으로 된 4개의 자료 구간을 만든다.

20 25 35 40 45 46 50 | 55 56 56 57 60 60 60 |
62 62 63 64 65 65 65 | 66 66 68 69 70 71 75

공부시간 자료에 대하여, 하반부에 대한 중앙값 Q1은 52.5분이고, 상반부의 중앙값 Q3은 65.5분이다. 28개의 공부시간에 대한 5개의 요약수는 [그림 1.19]에서 요약된 4개의 계급이 된다.

공부시간에 대한 그룹	자료의 수	자료의 비율
20분에서 52.5분	7	25%
52.5분에서 61분	7	25%
61분에서 65.5분	7	25%
65.5분에서 75분	7	25%

[그림 1.19] 28개의 공부시간에 대한 5개의 요약수로 만든 4개의 그룹

[그림 1.20]에서 그래프는 분포의 각 4분위의 위치를 나타내기 위해 5개의 요약수를 사용한다. 이 그래프를 *상자수염 그림(box-and-whiskers plot)* 또는 간단히 *상자 그림(box plot)*이라고 부른다.

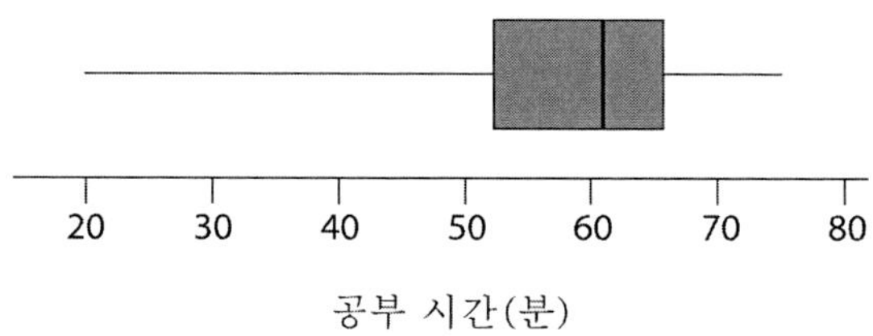

[그림 1.20] 공부시간에 대한 상자 그림

5개의 요약수와 박스 그림을 기초로, 공부시간의 분포에 대해 무엇을 말할 수 있는가?

- 학생들의 25% 정도는 20분과 52.5분 사이, 학생들의 25% 정도는 52.5분과 61분 사이, 학생들의 25% 정도는 61분과 65.5분 사이, 학생들의 25% 정도는 65.5분과 75분 사이 정도로 공부하였다.
- [그림 1.20]에서 *상자(box)*는 제 1 사분위수와 제 3 사분

위수 사이(자료의 *중간 middle* 50%)에 공부시간을 표시한다. 따라서 공부시간의 중간 50%는 52.5분과 65.5분 사이에 있다.

- [그림 1.20]에서 *수염(whiskers)*은 자료의 4등분의 상반부와 4등분의 하반부에 공부시간을 표시한다. 하반부 수염은 상반부 수염보다 상당히 길고, 분포가 오른쪽으로 치우쳐져 있다는 것을 나타낸다.
- 중간 50%의 범위(제 1 사분위수와 제 4 사분위수 사이의 차이)를 *사분위수 범위(interquartile range; IQR)*이라고 부르고 28개의 공부시간에 대하여 IQR은 다음과 같다.

IQR = Q3 - Q1 = (65.5분 - 52.5분) = 13분

IQR은 자료의 중간 50%에서 어떤 두 개의 공부시간의 차이가 거의 13분일 것이라는 것을 가리킨다. IQR은 분포의 변이성에 대한 부가적인 척도를 제공한다.

사분위수를 결정하기 위한 여러 가지 방법이 있다는 것에 주목하라. 예를 들어, n이 홀수 일 때, 순서가 있는 자료는 짝수로 반을 나눌 수 없다. 한 가지 방법은 사분위수를 결정할 때 상"반부"와 하"반부(halves)"로부터 중앙값을 제외시키는 것이고, 반면에 다른 방법은 양쪽의 "반(halves)"에 중앙값을 포함시키는 것이다. 따라서 계산기와 통계 소프트웨어는 사분위수에 대해 다른 결과를 만든다. 그러나 결정되었다면, 5개의 요약수는 각 계급에서 거의 자료의 25%로 이루어진 4개의 계급을 만든다. 각 자료는 학생들에 대한 28개의 표본으로부터 결정된 것이기 때문에, 예 1.2의 공부시간 자료에 대한 5개의 요약수와 사분위수 범위는 *통계량*이다.

9) 특이점

> 필수 이해 1i. 수치형 자료의 몇 가지 수치적 요약은 극단적인 자료 값 즉, 특이점의 영향을 상대적으로 덜 받는다.

예 1.2에서 탐구하였던 자료에서, 20분과 25분인 두 학생의 공부시간은 다른 학생들의 공부시간보다 훨씬 적고 두드러진다. 대다수의 자료와 떨어져 있는 자료값을 *특이점(outliers)*으로 분류한다. 특이점은 다양한 수치적 요약에 영향을 줄 수 있고 수치형 자료의 분포의 특징에 관한 잘못된 정보를 제공할 수 있다.

❶ 특이점 확인하기

자료 값이 특이점인지 아닌지 결정하는 한 가지 방법은 자료의 중간 50%(상자 그림의 상자)에 있는 변량(variability)에 기초한다. 공부시간에 대한 예에서, 상자는 52.5분과 65.5분 사이에 있고, 상자의 길이는 13분(사분위수 범위)이다. 상자가 제 1 사분위수와 제 3 사분위수(52.5 - 13 = 39.5 그리고 65.5 + 13 = 78.5) 이상의 상자로 확장되면, 39.5부터 78.5까지의 구간은 3개 상자의 길이가 되고, 3개의 상자의 구간 안에는 거의 모든 자료가 있다고 예상한다. 주의하기 위하여 상자의 각 끝은 관례상 상자의 한 개 반의 길이(one-and-a-half box)(1.5 IQR)로 확장되고 *위쪽과 아래쪽 울타리(lower and upper fences)*(LF와 UF)라고 부른다. 울타리 밖의 값은 특이점으로 분류된다. 예 1.2의 공부시간 자료에 대한 울타리는

$$LF = 52.5 - (1.5 \bullet 13) = 52.5 - 19.5 = 33\text{분}$$

그리고

$$UF = 65.5 - (1.5 \bullet 13) = 65.5 + 19.5 = 85\text{분}$$

이다. 따라서 공부시간 20분과 25분은 모두 특이점이고, 하반부에서 특이점이 아닌 첫 번째 값은 35분이다. 분포의 위 끝은 특이점이 없다.

수정된 상자 그림에서, 특이점은 *로 표시하였고, 수평선인 수염은 자료에서 특이점이 아닌 가장 극단적인 값까지 그린다. 공부시간에 대해 수정된 상자 그림은 [그림 1.21]과 같다.

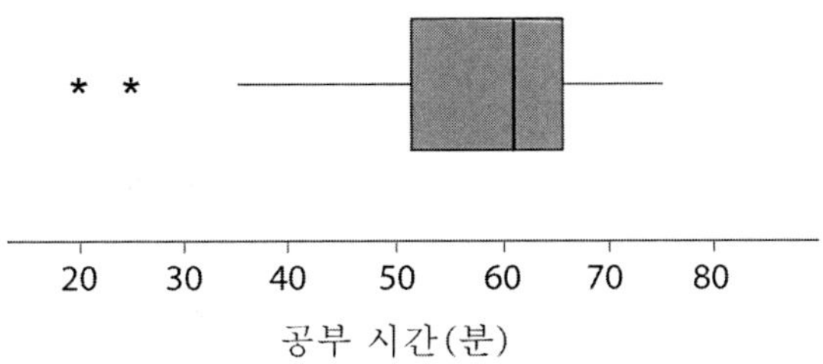

[그림 1.21] 28개의 공부시간에 대한 수정된 상자 그림

특이점을 확인하는 것은 두 가지 이유 때문에 중요하다. 첫 번째, 몇 가지 특이점은 측정 오류, 기록 오류, 복사 오류에 기인한다. 오류를 발견할 수 있다면, 수정할 수 있다. 그러나 몇 가지 특이점은 타당한 값이고 당면한 질문을 다루기 위한 분포에 대해 유용한 정보를 제공한다. 예 1.2의 자료의 경우, 오류를 의심할 이유가 없다면, 자료를 수집하였을 때 그 날 충분히 공부하지 않은 두 학생이 있다는 것이다. 그 이유는 다양할 수 있다. 학생들이 아팠을 수도 있고, 다른 학생들만큼 공부할 필요가 없었거나, 그냥 공부를 하지 않았을 수도 있다.

특이점을 확인하는 중요한 또 다른 이유는 수치적 요약에 주는 영향을 측정하는 것이다. 생각해 보기 1.7은 이러한 상황을 분석하는 것이다.

생각해보기 1.7

두 개의 특이점이 공부시간 자료에 대한 수치적 요약에 주는 영향은 무엇인가? 중심에 대한 요약치 -중앙값 또는 평균- 중 어떤 것이 특이점에 의해 더 영향을 받을 것이라고 생각하는가? 변량에 대한 요약치 – 범위, IQR, MAD, 표준편차 – 중에서 어떤 것이 특이점에 의해 가장 영향을 받을 것이라고 생각하는가?

[그림 1.22]는 원래 28명의 공부시간에 대한 다양한 수치적 요약 그리고 2개의 특이점을 제거하였을 때 대응하는 26개 값을 보여준다. 특이점을 제외하는 것이 거의 모든 수치적 요약에 영향을 준다는 것에 주목하라. 평균(57에서 59.7로)과 중앙값(61에서 62로)의 변화를 비교하면, 특이점을 제거하는 것이 중앙값에 영향을 덜 준다는 것을 알 수 있다. 이러한 것은 중앙값이 평균보다 특이값의 영향에 더 저항적이라는 것을 나타낸다. 변이성의 척도의 변화에 관하여, MAD는 10.1에서 7.5로, 표준편차는 13.5에서 9.8로, 범위는 55에서 40으로, 사분위수 범위는 13에서 10으로 변하였다. 특이점의 제거가 범위와 표준편차보다 MAD와 사분위수 범위에 영향을 덜 준다. 이는 MAD와 사분위수 범위가 특이점에 더 저항적이고 범위와 표준편차가 덜 저항적이라는 사실을 나타낸다. 수치형 자료의 수치적 요약이 특이점의 존재에 의해 거의 영향을 받지 않는다면, 수치형 자료의 수치적 요약은 *저항적(resistant)*이다.

요약	원래의 자료	특이점을 제외한 자료
표본 크기(n)	28	26
평균	57	59.7
MAD	10.1	7.5
표준편차	13.5	9.8
최솟값	20	35
제 1 사분위수	52.5	56
중앙값	61	62
제 3 사분위수	65.5	66
최댓값	75	75
범위	55	40
사분위수 범위	13	10

[그림 1.22] 특이점이 있는 공부시간과 특이점이 없는 공부시간에 대한 수치적 요약

28명 학생의 공부시간에 대한 자료를 수집하기 위한 주요한 동기는 "중학교 학생들이 매일 숙제하는 시간은 얼마인가?"라는 통계적 질문을 탐구하기 위한 것이었다. 교장 선생님은 학교에서 교사가 부여하는 숙제의 양에 관하여 예 1.2에서 언급한 부모의 우려에 따라 이 조사를 시작하였다. 이러한 통계적 질문의 탐구 방법을 정교화하면서, 수치형 자료에서 변이성을 기술하는 것과 관련된 핵심적인 이해를 강조하였고, 분포의 다양한 측면의 특징을 기술하기 위하여 수치적 요약뿐만 아니라 분포를 표현하는 그래프와 표의 사용을 설명하였다.

공부시간의 자료를 표현한 것에 대한 분석을 탐구해 왔고, 결과의 해석을 주로 기술해왔다. 교실 밖에서 하는 공부시간의 합리적인 양에 대한 기준이 없이, 교사가 숙제를 너무 많이 부여한다는 부모의 걱정을 다루기는 어렵다. 그러나 자료에 대한 다양한 분석에서 나온 결과는 이 학교의 7학년 학생들이 매일 학교 밖에서 소모하는 공부시간에 대한 통찰을 제공한다. 학년이 올라감에 따라 저녁에 숙제하는 시간이 10분 정도 늘어난다는 기준이 있다. 그래서 이러한 기준에 의하면, 7학년 학생들은 매일 70분 정도 숙제를 한다고 기대해야 한다. 이 조사에서 이 학교의 7학년 전체 학생이 매일 저녁 공부하는 시간에 대해 28명의 7학년 학생들의 공부시간이 대표적이라면, 전체 학생들이 숙제하는 시간이 너무 많은 것은 아니다.

❷ 그래프에서 변이성 판단하기

다음 논의는 점그래프나 히스토그램과 같은 그래프로 표현한 자료에서 변이성의 크기를 판단할 때, 일반적인 오개념을 설명한 것이다. 이러한 오개념을 설명하기 위하여, 7학년 3개 반 학생들의 공부시간에 대한 가상의 자료 3개를 소개하고자 한다. 그 결과로 나온 자료는 [그림 1.23]과 같이 도수분포표와 히스토그램으로 요약되었다.

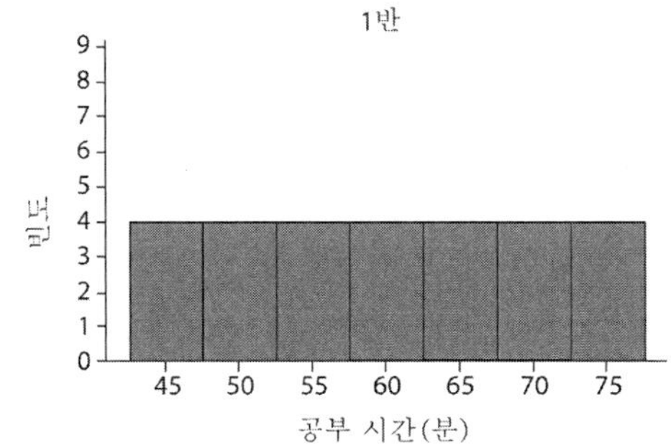

공부시간	빈도
45	4
50	4
55	4
60	4
65	4
70	4
75	4

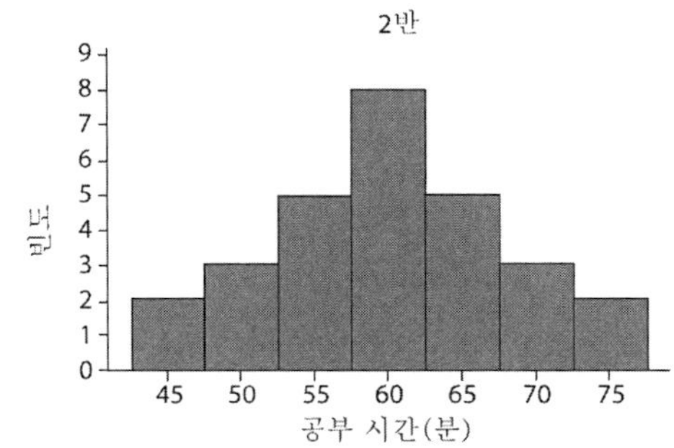

공부시간	빈도
45	2
50	3
55	5
60	8
65	5
70	3
75	2

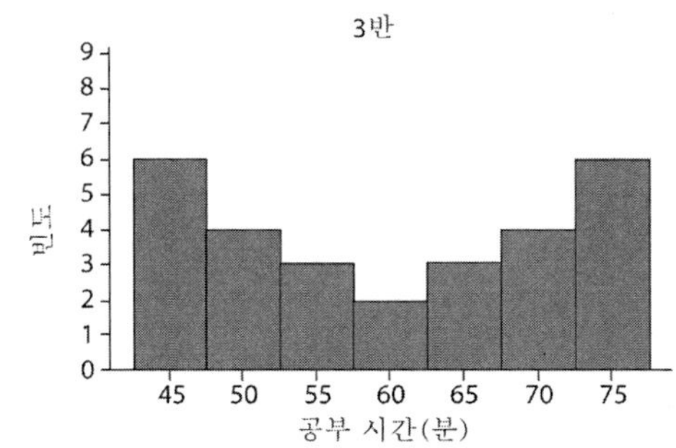

공부시간	빈도
45	6
50	4
55	3
60	2
65	3
70	4
75	6

[그림 1.23] 3개의 가상의 자료 집합에 대한 도수분포표와 히스토그램

[생각해보기 1.8]은 도수와 자료 값 사이의 차이에 집중하게 한다. 또한 분포의 그래프 표현에 기초하여 분포에서 변이성의 크기를 판단하고 평균에 주목한다.

생각해보기 1.8

수치형 자료를 그래프나 표로 나타내어 탐구할 때 사람들이 범하는 가장 일반적인 오류는 도수를 자료로 다루는 것이다. [그림 1.23]의 히스토그램과 도수분포표에서 나타내는 자료는 무엇인가? 자료에 대하여 도수가 나타내는 것이 무엇인가?
계산하지 않고 시각적으로 히스토그램을 점검함으로써, [그림 1.23]에서 나타내는 7학년 학생들의 3개 학급에 대한 공부시간의 평균을 결정할 수 있는가? 공부시간에 대한 변이성은 어떤 분포에서 가장 적은가? 가장 많은가?

[그림 1.23]에 나타낸 7학년 3개의 각 반에 대하여, 자료는 공부시간이고, 도수는 특정한 공부시간에 해당하는 학생의 수를 가리킨다. 예를 들어, 1반에서 학생 4명의 공부시간은 60분이고, 2반의 학생 8명의 공부시간은 60분, 3반의 학생 2명의 공부시간은 60분이었다. 히스토그램이 대칭적이기 때문에, 각 학급의 공부시간의 평균은 대칭의 중심에 대응하고, 또한 균형점이 된다. 이러한 경우, 각 학급의 공부시간의 평균은 60분이다.

히스토그램에 나타난 자료에서 변이성을 판단할 때 생기는 일반적인 오류는 히스토그램의 "굴곡(bumpiness)"에 대한 추정에 기초한다. 예를 들어, 2반과 3반의 히스토그램은 많은 "융기(bump)"가 있고, 반면에 1반의 히스토그램은 평평하다(융기가 없다). 융기가 적은 것은 1반의 분포에는 변화가 적고, 2반과 3반의 분포에는 더 많은 변화가 있다고 판단할 수 있다. 그러나 히스토그램에서 굴곡의 정도는 자료 값에 대한 도수의 차이에 기초하고, 자료 값 자체에서의 차이가 아니다.

분포에서 변이성의 크기는 도수의 차이가 아니라 자료 값의 차이에 따라 결정된다. 예를 들어, 이 3개 반에 대하여 가장 변화가 큰 두 개의 공부시간은 45분과 75분이다. 이 두 개의 공부시간은 30분의 차이가 나고, 3반에서는 빈도가 높고, 2반에서는 빈도가 낮다. 공부시간과 평균 공부시간(60분)을 비교하면, 평균 60분이 2반에서는 8번 나타나고, 따라서 평균으로부터 편차는 28개 중 8개가 0분이다. 반면에 평균 60분이 3반에서는 단지 2번 나타난다. 평균으로부터 대부분 다른 공부시간은 45분과 75분(각각의 경우 15분에 대한 절대 편차를 가진)이다. 이러한 두 공부시간은 2반에서는 빈도가 낮고 3반에서는 빈도가 높다. 따라서 최소 변이성이 있는 분포는 2반이고, 반면에 최대 변이성이 있는 분포는 3반이고, 1반의 분포에서 변이성은 2반과 3반의 변이성 사이의 어딘가에 존재한다. Cooper와 Shore(2008)는 학생들이 통계 그래프를 해석할 때 겪는 어려움에 대해 상세한 논의를 제공하였다.

Big idea

핵심 아이디어 1: 분포는 자료의 변이성을 기술한다.

핵심 아이디어 1에 대한 논의는 범주형 자료와 수치형 자료에서 분포가 변이성을 어떻게 기술하는 지에 대해 설명하였다. 이 핵심 아이디어에 대한 논의를 요약하면, 많은 통계적 탐구가 하나의 수치형 변수에서 수집된 자료에 대해 언급하고 있다는 것이다. 모든 대답이 같은 것이 아닌 한, 자료는 다양하고 변이성은 자료의 분포에 의해 표현된다. 분포는 어떤 자료값이 생기고 각 값이 어떻게 생기는 지에 대한 정보를 제공한다. 분포에 대한 표현들은 변이성의 패턴을 확인하는 데 유용하였다. 점그래프는 분포의 기초적인 표현이며 개별적인 자료값에 기초하고, 그룹화 된 자료에 기초한 다양한 그래프와 표도 역시 유용하다. 수치형 변수에서 자료의 분포를 탐구하는 것은 분포에 대한 여러 가지 표현들을 조사하는 것과 분포의 중요한 4가지 특징을 알아 가는 것이다.

- 형태
- 근사 중심
- 변이성의 크기
- 패턴으로부터 편차

분포의 중심을 나타내기 위한 표준적인 수치적 요약은 중앙값과 평균을 포함한다. 분포에서 변이성을 나타내기 위한 표준적인 수치적 요약은 범위, 사분위수 범위, MAD, 표준편차를 포함한다. 수치형 자료에서 특이점을 확인하는 것은 자료의 수치적 요약에 영향을 주기 때문에 중요하다. 중앙값과 사분위수 범위는 평균과 표준편차보다 특이점의 영향에 더 저항적이다.

핵심 아이디어 2

분포 비교하기

Big idea

핵심 아이디어 2. 통계는 둘 이상의 자료 집단을 비교하는 데 유용할 수 있다.

Big idea

핵심 아이디어 1: 분포는 자료의 변이성을 기술한다.

핵심 아이디어 1의 논의에서, 일변량 자료를 요구하는 통계적 질문을 탐구하는 데 초점을 맞추었다. 자료 분석은 변이성의 패턴을 확인하는데 목적을 둔 탐색적 분석이었고, 결과 해석은 주로 기술적인 부분에 초점을 두었다. 많은 통계적 질문은 둘 이상의 자료 집단을 비교함으로써 제기된다. 예를 들어, 유사한 직업을 가진 남녀의 연봉을 비교하고 싶다면, 통계적 질문을 위해 관심의 대상인 다른 두 그룹에서 자료를 수집한다. 자료의 분석은 다른 그룹의 자료의 분포 사이의 유사점과 차이점을 확인하는 데 초점을 맞추고, 결과의 해석은 이러한 유사점과 차이점을 강조한다.

1) 분포 사이의 유사점과 차이점

필수 이해 2a. 분포 사이의 유사점과 차이점을 비교하는 것은 둘 이상의 자료 집단을 비교하는 데 핵심이다.

소화제의 용해 시간을 탐구한 다음의 조사에서 분포의 비교와 관련된 많은 아이디어들이 소개된다.

예 1.3: 소화제. 소화불량에 효과가 있는 발포 소화제를 광고한다. 소화제는 물에 용해되는 알약 형태이다. 8학년 두 반에서 총 50명의 학생이 알약을 물에 넣는 순간부터 기포가 발생하지 않을 때까지의 "용해 시간(fizz time)"에 영향을 미치는 요소들에 대해 생각하도록 하였다.

몇몇 학생이 소화제의 상표가 다르기 때문에 두 소화제의 용해 시간이 다를 수 있음을 제시하였고, 다음과 같은 통계적 문제를 제기하였다. "두 상표의 소화제(A와 B)의 용해 시간에는 차이가 있는가?"

이 문제를 조사하기 위해서는 각 소화제의 수치형 변수 "용해 시간"에 대한 자료가 필요하다. 두 상표의 소화제는 알약의 크기와 구성성분(구연산과 중탄산나트륨)의 양이 같아야 한다. 알약을 물에 녹일 때, 용기, 물의 양, 물의 온도가 모두 같아야 한다.

실험 전날 50명의 학생들은 각각 8온스의 물을 컵에 담고, 컵의 물이 실험실 온도와 같아지도록 실험을 할 때까지 실험실에 놓아두었다. 실험 당일 각 학생들은 두 상표 중 하나의 소화제를 받았다. 학생들은 어떤 상표의 소화제를 받았는지 알지 못하였다. 용해 시간을 측정하기 위해 각 학생들은 초시계를 이용해 물이 담긴 컵에 알약을 넣는 순간부터 기포가 멈출 때까지의 시간(초)을 측정하였다. [생각해보기 1.9]에서 이러한 자료 수집 방법과 관련된 질문을 고려하라.

생각해보기 1.9

용해시간 실험에서 어떤 상표의 소화제를 가지고 실험을 하는지 학생들에게 알려주지 않았다. 이것이 왜 중요하다고 생각하는가?

각 학생에게 용해시간을 측정하도록 했을 때 발생할 수 있는 문제점에는 어떠한 것이 있는가?
이 자료 수집 방법을 어떻게 개선할 수 있겠는가?

학생들이 어떤 상표의 소화제를 실험하는지 알고 실험에 임한다면 용해가 멈추는 시점을 판단하는데 편향이 발생할 수도 있다. "블라인드(Blinding)" 실험은 학생들이 실험하는 상표를 알지 못하도록 하기 때문에 이러한 문제를 완화시킨다. 서로 다른 학생들은 용해가 끝나는 시점을 서로 다르게 해석할 수 있기 때문에, 서로 다른 학생들이 용해시간을 기록하는 것 역시 문제가 될 수 있다. 모든 소화제를 한 명의 학생이 실험함으로써 이러한 문제를 해결할 수 있고, 그 결과 변이성이 더 적은 자료를 수집할 수 있다. 한 명의 학생이 모든 소화제의 용해시간을 측정하는 것이 좋지만, 이 실험에서는 각 학생이 한 개의 소화제에 대해 용해시간을 측정하였다. 이렇게 함으로써 자료 수집을 빠르게 할 수 있었고, 또한 모든 학생들이 자료 수집에 참여할 수 있었다. 학생들을 A 그룹에 25명, B 그룹에 25명씩 하나의 그룹에 무작위 배정함으로써 서로 다른 학생들이 용해가 끝나는 시점을 서로 다르게 해석하면서 발생하는 문제를 완화시킬 수 있다. 학생들을 두 그룹 중의 하나에 무작위로 배정한 후, 각 상표의 소화제에 대해 25명의 학생이 용해시간을 측정하였다. 수집한 자료는 다음과 같다.

	용해시간(초)												
A 상표	96	119	112	115	135	96	119	117	130	109	101	117	103
	113	110	103	105	105	127	116	114	126	111	119	111	
B 상표	108	147	139	137	124	142	141	112	125	133	141	122	150
	113	151	105	120	117	114	130	119	127	132	129	132	

각 상표의 소화제에 대한 용해시간이 서로 다르기 때문에, 각 상표의 자료에 대한 분포가 존재한다. [그림 1.24]는 두 상표에 대한 자료를 나타낸 평행 점그래프이다.

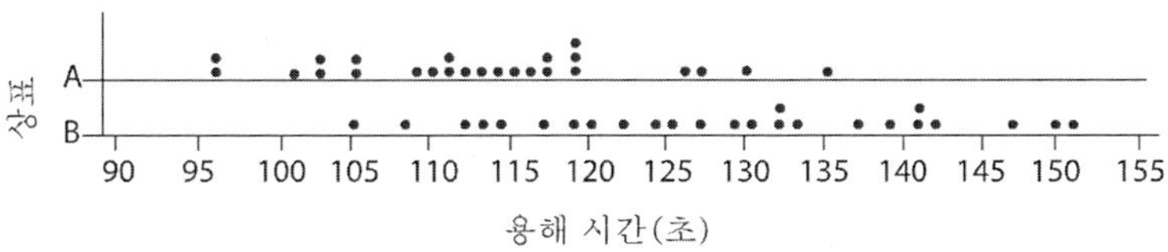

[그림 1.24] 용해시간에 대한 평행 점그래프

둘 이상의 집단으로부터 수집한 수치형 자료의 그래프를 비교할 때 겹치는 부분을 확인함으로써 분포의 유사점에 주목하는 것이 중요하다.

[그림 1.24]의 점그래프에서, 용해시간이 105초에서 135초 사이에서 겹치는 것을 볼 수 있다. A 상표의 경우 20개의 용해시간(80%)이 105초와 135초 사이에 있고, B 상표는 17개의 용해 시간(68%)이 105초에서 135초 사이에 있다. 점그래프에서 분리된 부분을 확인함으로써 분포의 차이점에 주목한다. 점그래프는 분포의 각 끝에서 얼마나 분리되어 있는지 보여준다. A 상표는 5개의 용해 시간(20%)이 B 상표의 최솟값인 105초보다 작다. 반면에 B 상표는 8개의 용해 시간(32%)이 A 상표의 최댓값인 135초보다 크다. 따라서 두 분포에서 일부가 겹치더라도, 이러한 자료는 B 상표의 알약이 일반적으로 A 상표의 알약보다 느리게 용해된다(용해 시간이 더 길다)는 것을 나타낸다. [그림 1.25]는 두 상표의 소화제 용해시간을 평행 점그래프 대신 평행 상자그림으로 나타낸 것이다. [그림 1.26]은 용해시간에 대한 여러 가지 요약치를 보여준다.

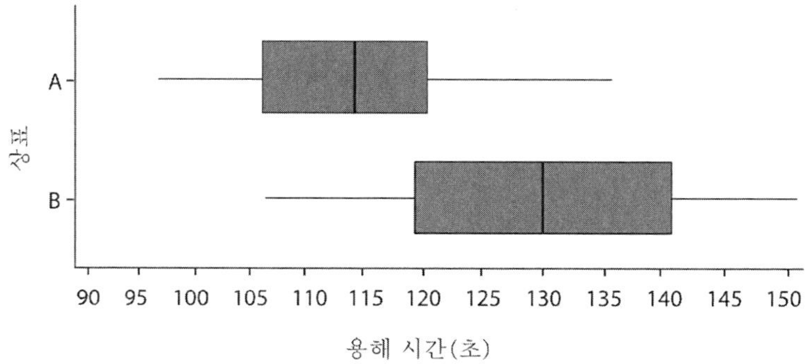

[그림 1.25] A 상표와 B의 소화제 용해 시간에 대한 평행 상자 그림

요약	A 상표	B 상표
최솟값	96	105
제 1 사분위수	105	118
중앙값	113	129
제 3 사분위수	119	140
최댓값	135	151
사분위수 범위(IQR)	14	22
범위	39	46

[그림 1.26] 용해 시간(초)에 대한 여러 가지 요약치

[그림 1.25]의 상자그림을 비교할 때, 다시 두 그래프의 겹치는 부분과 분리된 부분에 주목한다. B 상표의 최솟값인 105초와 A 상표의 최댓값인 135초 사이가 겹치는 부분이다. A 상표의 용해 시간의 약 75%와 B 상표의 용해 시간의 50% 이상이 이 구간에 있다. 점그래프와 마찬가지로, 상자 그림의 끝에서 분리된 부분을 볼 수 있다. A 상표의 용해시간의 거의 25%는 B 상표의 최솟값인 105초보다 작고, B 상표의 용해시간의 25% 이상이 A 상표의 최댓값인 135초보다 크다. 상자 그림은 개별적인 자료 값을 나타내지 않기 때문에, 상자 그림에 근거한 비교는 점그래프에 근거한 비교만큼 구체적이지 않다.

둘 이상의 수치형 자료 집합을 비교할 때, 분포에서 분포의 겹침과 분리 개념은 중요하다. 분포 사이에 분리된 부분이 많을수록 집단 사이에 유의미한 차이가 있음을 더 강력히 뒷받침할 수 있다. [그림 1.26]의 요약치를 비교함으로써 다음 두 가지를 제안할 수 있다.

1. 5가지 수치적 요약에 대해 A 상표보다 B 상표가 더 크다. 따라서 용해시간의 분포에 대해 B 상표의 분포가 A 상표의 분포보다 오른쪽에 위치한다.
2. 범위와 사분위수 범위 모두 B 상표가 약간 더 크다. 따라서 A 상표보다 B 상표의 용해시간에서 변이성이 더 큰 것으로 보인다.

결국, 두 분포의 대푯값으로서 중앙값에 초점을 맞춘다면, 용해 시간의 차이가 있다는 것이 분명해진다. A 상표와 B 상표를 비교할 때, 용해 시간의 중앙값은 113초부터 129초로 증가한다는 것을 알 수 있고, 따라서 B 상표의 용해 시간은 A 상표의 용해 시간보다 보통 16초 길다. 대체로 자료의 분석은 B 상표의 소화제가 일반적으로 A 상표의 소화제보다 더 느리게 용해된다(더 긴 발포 시간을 가진다)는 것을 제시한다. 그래서 소화 불량인 사람은 B 상표보다 A 상표의 소화제가 보통 더 빨리 용해되기 때문에 아마 A 상표를 사용하기 원할 것이다. 두 집단의 수치형 자료를 비교하는 것과 관련된 아이디어를 설명하는 학생 활동에 대한 예는 Kader과 Mamer(2008)에서 볼 수 있다.

앞의 논의에서, "서로 다른 두 상표(A와 B)의 소화제 용해 시간에 차이가 있는가?"라는 질문을 언급한 50명의 학생들이 수집한 자료를 살펴보았다. 학생들이 수집한 자료로부터 결과를 해석할 때, 우리는 두 상표의 용해 시간의 중앙값을 비교하였고, 중앙값에 기초하여 보통 B 상표의 용해 시간이 A 상표의 용해 시간보다 16초 길다고 결론을 내렸다. 물론, 이러한 해석은 각 상표로부터 추출한 25개의 표본에 기초한 것이다.

만약 실험을 반복하였다면, 결과는 정확하게 같지는 않았을 것이고, 각 상표의 용해 시간의 중앙값도 아마 십중팔구는 달랐을 것이다. 그러나 이 두 표본을 반복된 실험을 통해 얻을 수 있는 결과들의 대표로 간주하는 것이 비합리적인 것은 아니다.

좀 더 심화된 수준의 통계에서는 대표 표본에 기초해 모집단의 구체적인 특징을 비교하는데 초점을 맞추는 경향이 있다. 예를 들어, 다음과 같은 통계적 질문을 다룬다. "B 상표의 용해 시간에 대한 중앙값이 A 상표의 용해 시간에 대한 중앙값보다 큰가?"

이러한 질문은 두 모집단의 용해 시간의 분포에 관한 것이다. 모든 B 상표 소화제의 용해 시간에 대한 분포와 모든 A 상표 소화제의 용해 시간에 대한 분포는 앞에서 설명한 것과 같이 동일한 환경에서 측정되어야 한다. 표본 자료는 "B 상표의 용해 시간에 대한 중앙값이 A상표의 용해 시간에 대한 중앙값보다 크다."는 추측을 지지한다. B 상표의 용해 시간에 대한 중앙값은 129초이고 A 상표의 용해 시간에 대한 중앙값 113초보다 16초 길기 때문이다. 중앙값 사이의 차이는 양수(positive)이기 때문에, 질문은 "중앙값 사이의 16초 차이는 유의미할 정도로 충분히 큰 것인가?"라고 된다. 자료의 여러 요소들이 중앙값(또는 평균)의 차이의 크기를 어떻게 판단할지에 영향을 준다. 분포의 차이의 크기를 판단하는 데 중요한 요소 중의 하나는 두 분포가 분리된 정도이다.

2) 분포의 분리와 겹침

☞ 필수 이해 2b. 둘 이상의 분포 사이의 분리 정도는 분포 내의 변이성의 크기와 관련이 있다.

분포 사이의 분리 정도가 각 분포 내의 변이성의 크기와 어떻게 관련이 있는가? 이러한 관계를 탐구하기 위하여, 아래와 같이 A 상표의 소화제와 B 상표의 소화제의 용해 시간에 대한 가상의 자료 집합을 살펴 볼 것이다.

초 단위의 가상의 용해 시간(초)													
A 상표	80	122	107	79	127	87	113	118	88	90	135	163	97
	121	112	96	127	94	130	105	160	129	67	167	115	
B 상표	155	77	122	150	162	141	115	128	91	158	148	124	151
	142	102	129	122	124	145	144	155	105	111	69	140	

위 용해시간은 분포 사이의 분리 정도가 각 분포 내의 변이성의 크기와 어떻게 관련이 있는지 설명하려는 특정한 목적을 가지고 설계된 가상의 자료라는 것을 기억하는 것이 중요하다. [그림 1.27]은 가상의 용해시간에 대한 평행 점그래프와 평행 상자그림을 보여주며, [그림 1.28]은 가상의 용해시간에 대한 여러 요약치들을 보여준다.

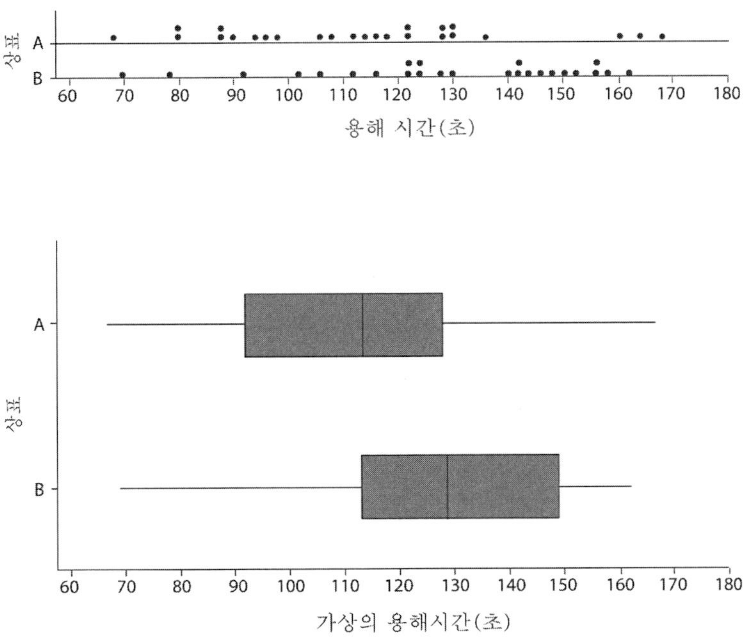

[그림 1.27] 가상의 용해시간에 대한 평행 점그래프와 평행 상자그림

요약	A 상표	B 상표
최솟값	67	69
제 1 사분위수	92	113
중앙값	113	129
제 3 사분위수	128	149
최댓값	167	162
사분위수 범위	36	36
범위	100	93

[그림 1.28] 초 단위의 가상의 용해 시간에 대한 여러 가지 요약치

각 집단(A와 B)에 대해 원자료의 중앙값과 가상의 자료의 중앙값이 서로 같다는 것에 주목하라. 결국, 두 자료 집합에 대해 중앙값의 차이($Median_B - Median_A$)는 16초이다. 그러나 [그림 1.27]의 가상의 용해시간에 대한 점그래프와 상자그림 모두 두 분포 사이의 분리가 매우 적음을 보여준다. 가상의 자료([그림 1.28])와 원자료([그림 1.26]) 사이의 사분위수 범위와 범위를 비교해 보면, 가상의 용해시간의 분포가 원자료의 분포보다 변이성이 더 크다는 것을 알 수 있다. 가상의 자료의 변이성이 더 크다는 것은 두 분포 사이의 분리가 적다는 것이다. 결과적으로, 16초라는 중앙값의 차이는 원자료에 기초한 A 상표와 B 상표의 비교에서 보다 가상의 자료에 기초한 A 상표와 B 상표의 비교에서 덜 유의미하다.

[그림 1.25]와 [그림 1.27]에서 상자 그림에 대한 척도가 다르다는 것에 주목하라. [그림 1.25]의 가로축 눈금은 90초부터 150초까지 이고, [그림 1.27]의 가로축 눈금은 60초부터 180초까지 이다.각각의 척도가 다른 것은 자료의 최솟값과 최댓값에 기초하기 때문이다. 최솟값과 최댓값의 차이가 클수록 눈금이 척도가 넓어진다.

[그림 1.29]와 같이 동일한 척도를 갖는 평행 상자그림을 이용해 이들 분포를 비교하는 것 역시 유용하다. 이 상자그림은 A 상표와 B 상표 모두 두 집단(원자료와 가설적인 자료)의

중앙값(중심)이 서로 같음을 보여준다. 결국, 앞에서 말했듯이, 두 집단에 대해 중앙값의 차이($Median_B - Median_A$)가 같다. 따라서 집단간 중앙값의 차이에 대한 정보만 주어진다면, 우리는 두 집단(원자료와 가상의 자료)의 중앙값의 차이의 유의미한 정도가 서로 같다고 잘못된 결론을 도출할 수도 있다. 그러나 [그림 1.29]에서 상자 그림은 두 자료 집합의 변이성의 크기가 아주 다르다는 것을 보여준다. 특히, 용해시간의 원자료는 가상의 자료보다 변이성이 적다. 각 그룹 내의 변이성의 크기가 서로 다르기 때문에 분리가 더 많이(원자료) 또는 분리가 더 적게(가상의 자료) 발생하며, 중앙값 사이의 차이가 얼마나 유의미한지를 결정하는데 영향을 준다.

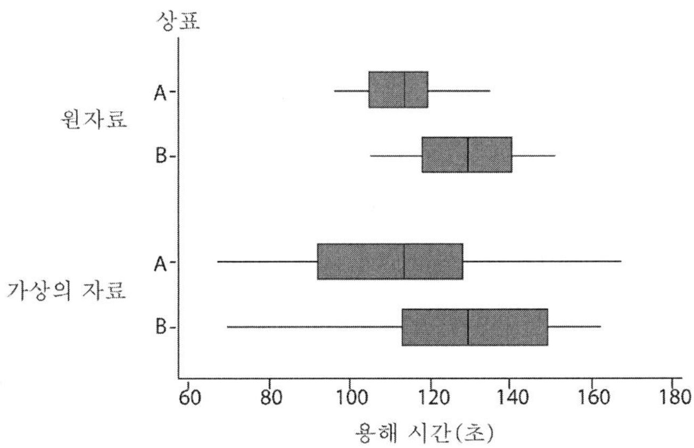

[그림 1.29] 같은 척도를 갖는 두 집합에 대한 평행 상자그림

앞의 논의는 두 중앙값의 차이가 유의미한 정도를 판단하는 것에 초점을 맞추었다. 두 평균을 비교하는 논의는 평균의 유의미한 정도가 각 표본분포의 변이성의 크기와 관련된다는 유사한 결론을 이끌어 낸다.

표본의 크기가 결론에 미치는 영향에 대한 자세한 논의는 통계의 필수 이해: 9-12학년(Peak, Gould, and Miller, 2013)

각 분포에서 변이성의 크기는 중앙값(또는 평균)의 차이가 얼마나 유의미한지를 판단하는데 영향을 주는 유일한 요소이다. 다른 중요한 요소는 표본의 크기이다. 예를 들어 [그림 1.25]와 [그림 1.26]에 나타난 상자 그림과 요약치가 크기 25인 표본 대신 크기 50인 표본에 기초한 것이라고 가정해보자. 이러한 경우, 좀 더 큰 표본이기 때문에, 중앙값의 차이는 자료에 대하여 좀 더 유의미하다고 생각될 수 있다. 따라서 중앙값(또는 평균)의 차이의 유의미한 정도는 각 분포 내의 변이성의 크기와 표본의 크기를 변수로 하는 함수이다. 중앙값(또는 평균)의 차이의 유의미한 정도를 수량화하는 함수는 이 책의 범위를 넘어선다. 그러나 이 아이디어는 고등학교와 대학교 수준의 통계에서 더 깊이 있게 탐구한다.

「수학과 공통 핵심 규준」(The Common Core State Standards for Mathematics(CCSSI, 2010))에서는 변이성의 크기가 유사한 두 수치형 자료의 분포를 비교할 때 "중심(중앙값 또는 평균)의 차이를 변이성의 측도의 배수로 표현함으로써" 중심(중앙값 또는 평균)의 차이의 유의미한 정도를 평가할 수 있다고 제안한다(p.50). 예를 들어, 중앙값을 비교할 때, 중앙값의 차이를 사분위수 범위로 나누며, 평균을 비교할 때 평균의 차이를 평균편차나 표준편차로 나눈다. 비록 이러한 접근이 표본의 크기를 고려하지 않더라도, 중심의 차이에 관한 유용한 정보를 제공할 수 있다. 즉 이 통계치가 커질수록 중심의 차이가 더 유의미해진다.

용해 시간에 대한 원자료에서, 중앙값의 차이는 16초이다. B 상표의 용해 시간이 A 상표의 용해 시간보다 좀 더 변이성이 크기 때문에, 이 통계치를 구하는데 다음과 같이 더 큰 B 상표의 사분위수 범위를 사용할 것이다.

$$\frac{Median_B - Median_A}{IQR} = \frac{16}{22} = 0.73$$

가상의 자료에 대한 이 통계치는 $\frac{16}{36} = 0.44$이다. 원자료에 대한 표본의 크기가 가상의 자료에 대한 표본의 크기와 같고 원자료의 통계치가 더 크기 때문에, 중앙값 16초의 차이는 원

자료에서 더 유의미하다.

예 1.3과 관련된 용해 시간 자료에 대한 논의는 용해 시간에 대한 중앙값의 차이가 의미가 있는지 없는지에 주목하였다. 그러나 통계에서 더 일반적으로 묻는 질문은 "용해 시간에 대한 중앙값의 차이가 *통계적으로 유의한가?*"이다. 결국, 임의적인 변이로 설명할 수 없다면, 그 차이는 통계적으로 유의하다고 볼 수 있다. 통계적 유의성에 대한 개념은 통계적 사고에서 가장 중요한 아이디어 중 하나지만, 여기서 언급하기에는 너무 수준이 높다. 이러한 이유로, 이전의 논의가 *통계적으로 유의(statistically significant)*하다고 용어를 의도적으로 피하였고, 통계적 유의성과 관련된 개념은 고등학교와 대학교 수준의 통계학으로 발전된다.

Big idea

핵심 아이디어 2: 통계는 둘 이상의 자료 집단을 비교하는데 유용할 수 있다.

핵심 아이디어 2에 관한 것을 요약하면, 많은 통계적 질문이 둘 이상의 수치형 자료 집합을 비교함으로써 다루어질 수 있다. 그러한 질문에 대답하기 위해 수집된 자료의 분석은 서로 다른 집단의 분포에서 유사점(겹침)과 차이점(분리)을 확인하는 데 주목한다. 결과에 대한 해석은 이러한 유사점과 차이점을 강조하는 것이다. 둘 이상의 집단의 중앙값(또는 평균)을 비교 할 때, 중앙값(또는 평균)의 차이가 얼마나 유의미한지 판단할 때 분포의 분리 정도에 영향을 받는다. 결국, 상당히 다른 중앙값(또는 평균)을 가진 분포의 분리 정도는 각 분포 내에 존재하는 변이성의 크기에 달려있다. 분포 안에 존재하는 변이성이 작을수록, 분포 사이에 존재하는 분리가 더 클수록, 결국 분포 사이의 차이가 더 커진다.

핵심 아이디어 3

두 변수 사이의 상관관계

Big idea

핵심 아이디어 3. 이변수 분포는 두 변수에 대한 자료에서 나타나는 공변동의 패턴이나 경향을 표현한다.

통계적 질문은 주로 두 변수 사이의 관계를 탐구한다. 이러한 질문에 답하려면 어떤 집단의 각 개체별로 두 변수에 대한 자료(이변수 자료)를 수집해야 한다. 한 변수의 값이 변함에 따라 대응하는 다른 변수의 값이 체계적으로 변할 때, 이변수 자료의 공변동(covariability) 패턴이 나타난다. 이러한 유형의 질문을 다룰 때, 우리는 한 변수를 *설명변수(explanatory variable)*로 설정하고 다른 변수를 *응답변수(response variable)*로 지정한다.

대개의 경우, 설명변수와 응답변수를 구분하기 쉽다. 예를 들어, 휴대폰 사용과 뇌암 사이의 상관관계(association)를 조사하고 싶다면, 우리가 관심이 있는 결과(응답변수)는 뇌암이다. 휴대폰 사용량(대, 중, 소)이 뇌암의 발생에 영향을 준다고 생각하기 때문에, 휴대폰 사용량을 설명 변수로 설정한다. 우리가 추측한 두 범주형 변수 사이의 상관관계는 휴대폰을 많이 사용하는 사람이 뇌암에 걸릴 위험이 높다는 것이다. 이러한 질문에 답하기 위해 수집한 자료는 순서쌍으로 표현된다. 예를 들어, 휴대폰을 많이 사용하고 뇌암에 걸리지 않은 사람의 자료는 (높음, 아님)으로 표현할 수 있다.

설명변수와 응답변수의 구분이 애매한 문제 상황이 있는데, 이는 연구 질문의 성격에 따라 결정된다. 예를 들어, 청력감퇴와 음악재생장치의 소리 크기 사이의 상관관계를 조사할 때, 질문을 어떻게 하는가에 따라 설명변수와 응답변수가 결정된다. 만약 질문이 "청력감퇴가 음악을 크게 듣는 것과 관련이 있는가?"라면, 우리가 관심을 가지는 결과(응답변수)는 청력감퇴이다. 이 때의 가설은 음악을 크게 듣는 사람(설명변수)이 청력감퇴에 시달릴 위험이 크다는 것이다. 이와 반대로, "음악을 듣는 소리의 크기가 청력감퇴와 관련이 있는가?"라는 질문이라면, 응답변수는 소리의 크기이다. 이 때의 가설은 청력이 감퇴된 사람(설명변수)이 음악 소리를 크게 듣는다는 것이다.

일반적으로, 두 변수 사이의 상관관계가 존재한다면, 설명변수의 값을 통해 응답변수를 예측할 수 있다. 설명변수를 독립변수 또는 예측변수라고도 하고, 응답변수를 종속변수라고도 한다.

1) 두 범주형 변수에 대한 이변수 분포 나타내기

필수 이해 3a. 그래프와 표는 두 범주형 변수의 자료에 대한 이변수 분포를 나타내는데 유용하다.

두 범주형 변수에 대한 자료가 필요한 조사에서는 자료의 공변동의 패턴을 기술하고 확인할 필요가 있다. 이변수 분포를 나타내는 표와 그래프는 이러한 패턴을 드러내는 데 도움이 된다. 이러한 표와 그래프의 가치를 알아보기 위해, 다음 상황을 생각해보자.

예 1.4: 운전 중 문자메시지 보내기.

휴대폰으로 문자메시지를 보내거나 확인하는 것은 일반적인 소통방식이다. 그러나 운전 중 문자보내기가 매우 위험하다는 연구 결과가 있고, 여러 도시에서 이러한 행위는 불법이다. 안타깝게도, 많은 사람들이 문자보내기 금지법을 지키지 않고 있다.

다음과 같은 통계적 질문을 생각해보자. "운전 중 문자보내기와 성별 사이의 상관관계가 있는가?"

이 질문에 답하려면 운전 중 문자보내기와 성별이라는 두 범주형 변수에 대한 자료가 필요하다. 이러한 두 변수 사이의 관계가 [생각해보기 1.10]의 주제이다.

생각해보기 1.10

"운전 중 문자보내기와 성별 사이의 상관관계가 있는가?" 라는 통계적 질문을 조사하려면, 운전 중 문자보내기와 성별이라는 두 범주형 변수에 대한 자료가 필요하다.
어느 것이 응답변수라고 생각하는가? 그 변수가 가질 수 있는 값은 무엇인가?
어느 것이 설명변수라고 생각하는가? 그 변수가 가질 수 있는 값은 무엇인가?

이 문제의 경우, 관심을 가지는 결과(응답변수)는 운전 중에 문자를 보내는지 여부(예, 아니오)이고, 설명변수는 성별(남자, 여자)이다. 두 변수 모두 범주형이다. 우리는 남성이 여성에 비해 또는 여성이 남성에 비해 운전 중 문자보내기를 더 많이 하는가에 관심이 있다. 만약 그렇다면 성별과 운전 중 문자보내기 사이의 상관관계가 있는 것이다.

North Carolina 주(이 주에서는 운전 중 문자보내기가 불법이다.)의 한 대학에서 통계학 개론 수업을 듣는 120명의 학생을 대상으로 운전 중 문자보내기와 성별에 관한 자료를 수집하였다. 120명 중에서 72명이 여성이고, 62명이 운전 중 문자보내기 경험이 있다고 하였다. 각 변수에 대한 자료는 [그림

1.30]과 [그림 1.31]과 같이 도수와 상대도수로 나타내었다. [생각해보기 1.11]에서 이 표를 자세히 살펴본다.

성별	도수	상대도수(%)
여성	72	60%
남성	48	40%

[그림 1.30] 120명의 성별

문자보내기	도수	상대도수(%)
예	62	52%
아니오	58	48%

[그림 1.31] 120명의 운전 중 문자보내기 여부

생각해보기 1.11

[그림 1.31]을 보자. 이 표에서 운전 중 문자를 보내는 학생의 비율은 전체 학생의 몇 퍼센트인가?
만약 운전 중 문자 보내기와 성별 사이의 상관관계가 없다면, 운전 중 문자 보내는 여학생의 비율은 몇 퍼센트일 것이라고 예상하는가? 남학생은 몇 퍼센트라고 예상하는가?

운전 중 문자보내기와 성별 사이에 상관관계가 없다면, 운전 중 문자 보내는 여성의 비율과 남성의 비율이 같을 것이다. 전체 학생의 52%가 운전 중 문자를 보낸다고 답했기 때문에, 만약 상관관계가 없다면, 여학생의 약 52%가 운전 중 문자를 보낸다고 답했을 것이고, 남학생의 약 52%가 운전 중 문자를 보낸다고 답했을 것이다.

상관관계가 있는지를 판단하기 위해서는 두 변수의 자료를 함께 요약하고 공변동(두 변수의 자료에서 동시에 나타나는 변화)을 조사해야 한다. 운전 중 문자보내기와 성별의 경우, 상관관계를 판단하는 방법 중 하나는 다음의 네 가지 이변수 집단의 학생 수를 집계하는 것이다.

1. 여성이고 예(운전 중 문자를 보냄)
2. 여성이고 아니오(운전 중 문자를 보내지 않음)
3. 남성이고 예(운전 중 문자를 보냄)
4. 남성이고 아니오(운전 중 문자를 보내지 않음)

이러한 이변수 집단의 도수를 요약한 표를 *분할표(contingency table)* 또는 *이원 도수분포표(two-way frequency table)*라고 한다. [그림 1.32]는 120명의 자료에 대한 분할표이다.

		성별		
		여성	남성	합계
운전 중 문자를 보내는가?	예	38	24	62
	아니오	34	24	58
	합계	72	48	120

[그림 1.32] 120명의 성별과 운전 중 문자보내기에 관한 분할표

그림에서 120명의 학생들에 대한 이변수 자료를 요약한 것을 다음과 같이 조사하였다.

- 38명(38/120=31.7%)이 여성이고 운전 중 문자를 보냄
- 34명(34/120=28.3%)이 여성이고 운전 중 문자를 보내지 않음
- 24명(24/120=20%)이 남성이고 운전 중 문자를 보냄
- 24명(24/120=20%)이 남성이고 운전 중 문자를 보내지 않음

성별과 운전 중 문자보내기라는 두 변수를 나타내기 때문에, 이러한 도수(또는 퍼센트)를 결합도수(*joint frequency*)(또는 결합 상대도수)라고 한다.

생각해보기 1.12

[그림 1.32]의 분할표를 보면, 여성(38명)이 남성(24명)보다 운전 중 문자 보내기를 더 많이 하는 것으로 나타났다. 여성이 남성보다 운전 중 문자 보내기를 더 많이 한다고 결론내리는 것이 옳지 못한 이유는 무엇인가?

운전 중 문자 보내는 사람의 수를 세어보면, 여성이 남성보다 운전 중 문자 보내기를 더 많이 한다. 그러나 조사에 참여한 여성의 수와 남성의 수가 다르기 때문에, 상관관계를 조사하려면, 상대도수를 비교해야 한다. 구체적으로 살펴보면, 조사에 참여한 여성 72명 중 38명($\frac{38}{72}$=52.8%)이 운전 중 문자를 보낸다고 답하였고 34명($\frac{34}{72}$=47.2%)은 그렇지 않다고 답하였다. 조사에 참여한 남성 48명 중 24명($\frac{24}{48}$=50%)이 운전 중 문자를 보낸다고 답하였고, 24명($\frac{24}{48}$=50%)은 그렇지 않다고 답하였다. 이러한 비율을 *조건부 상대도수라고(conditional relative frequencies)* 한다. 이 사례에서, 조건은 그 사람이 남성인가 여성인가(설명변수의 값)에 관한 것이다. 일반적으로, 응답변수에 관한 조건부 상대도수는 설명변수의 값에 따라 결정된다. 조건부 상대도수를 계산했다면, [그림 1.33]처럼 막대그래프를 그려서 조건부 상대도수의 분포를 나타내고 비교할 수 있다.

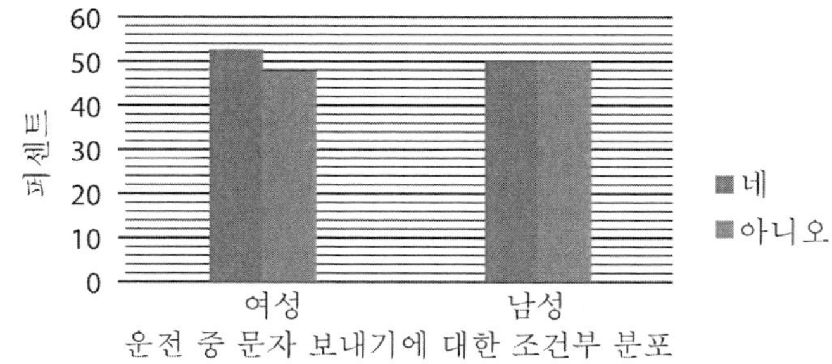

[그림 1.33] 조건부 분포에 관한 막대그래프

2) 두 범주형 변수 사이의 상관관계

> 필수 이해 3b. 두 범주형 변수 사이의 상관관계를 확인하는 데 조건부 상대도수 분포가 유용하다.

예 1.4의 운전 중 문자 보내기에 관한 자료의 경우, [그림 1.33]를 보면, 두 개의 조건부 분포는 매우 비슷하다. 운전 중 문자를 보내는 여성의 비율(52.8%)과 남성의 비율(50.0%)이 거의 같기 때문에, 두 변수 사이의 상관관계는 매우 약한 것으로 보인다. 조사에 참여한 120명의 학생에 대하여, 학생의 성별을 아는 것은 그 학생이 운전 중 문자를 보내는지 여부를 예측하는 데 거의 도움이 되지 않는다. 이러한 해석은 매우 제한적이어야 한다. 조사에 참여한 학생들이 대학생 전체 또는 운전자 전체를 대표하지 않을 가능성이 크다. 따라서 이 자료는 운전 중 문자 보내기와 성별 사이의 약한 상관관계를 보여주고 있지만, 이러한 해석은 이 조사에 참여한 120명에만 해당된다. [생각해보기 1.13]은 이 조사 결과에 관한 또 다른 질문을 제기한다.

생각해보기 1.13

앞의 분석에 따르면, 조사에 참여한 여성의 52.8%와 남성의 50%는 운전 중 문자를 보낸다. 이 비율의 평균(51.4%)이 전체 인원 중 운전 중 문자를 보내는 사람의 비율(52%)과 같지 않은 이유는 무엇인가?

조사에 참여한 여성의 수와 남성의 수가 다르기 때문에, 남성과 여성의 조건부 비율의 평균이 전체 인원 중 운전 중 문자를 보내는 사람의 비율과 같지 않다. 이러한 사실을 통해 자료의 세부 사항에 주의를 기울이는 것이 중요함을 알 수 있다.

두 범주형 변수 사이의 상관관계를 조사하기 위해서 두 변수에 관한 자료가 필요하다. 두 범주형 변수에 대한 이변수 자료의 분석은 자료의 공변동 패턴을 확인하고 요약하는 것이다. 두 범주형 변수에 대한 이변수 자료를 수집했을 때, 다양한 표와 그래프가 공변동 패턴을 조사하는데 도움이 된다. 이러한 표와 그래프에는 두 변수의 결합도수분포를 보여주는 분할표, 설명변수에 따른 응답변수의 조건부 상대도수, 상대도수의 조건부 분포를 나타낸 막대그래프 등이 있다.

이변수 분석에 대한 해석은 주로 결합분포와 조건부분포의 패턴을 기술하고, 두 변수의 상관관계의 강도를 파악하는 일이다. 두 변수 사이의 상관관계가 없을 때, 조건부 분포는 같아야 한다. 조건부 분포 사이의 차이가 클수록 두 변수 사이의 상관관계도 강하다.

3) 두 수치형 변수에 대한 이변수 분포 나타내기

필수 이해 3c. 두 수치형 변수에 대한 자료의 이변수 분포를 나타내는 데 표와 그래프가 유용하다.

대부분의 통계적 질문은 두 수치형 변수 사이의 관계를 다룬다. 이러한 질문에 답하기 위해 이변수 자료(한 집단의 각각의 개체로부터 두 변수에 대해 수집한 자료)가 필요하다. 두 수치형 변수의 자료에서, 한 변수의 값이 증가함에 따라 대응하는 다른 변수의 값이 체계적으로 변할 때, 공변량의 패턴이 나타난다. 예를 들어, 우리는 일반적으로 키가 큰 사람이 작은 사람보다 체중이 더 무겁다고 예상한다. 그러나 통계학에서는 확실한 관계 또는 모든 경우에 성립하는 관계를 예상하는 것이 아니다. 특정인 2명을 비교했을 때, 키가 큰 사람이 작은 사람보다 체중이 가벼울 수도 있는 것이다.

이변수 수치형 자료의 분포를 표현하는 것은 자료의 공변량의 패턴이나 경향을 확인하고 기술하는 데 유용하다. 다음 상황을 생각해보자.

예 1.5: 피자 조각

많은 사람들이 페퍼로니 피자 한 조각 또는 두 조각을 먹는 것을 좋아한다. 피자 한 조각의 칼로리는 매우 적지만, 사람들은 칼로리를 되도록 줄이고 싶어 한다. 피자의 섭취 권장량은 보통 한 조각이다. 하지만 피자의 크기가 다양하고(대,중,소) 빵의 종류도 다양하며, 사용하는 재료도 다양하기 때문에, 권장량의 무게가 브랜드마다 다양하다.

이러한 맥락에서 "페퍼로니 피자 한 조각의 칼로리와 무게가 관계가 있는가?" 라는 통계적 질문이 제기될 수 있다. 여기서 '한 조각'은 피자의 '판매하는 조각의 크기'이다.

우리의 가설은 피자 한 조각의 칼로리가 무게에 따라 결정된다는 것이므로, 두 변수에 관한 자료 즉, 페퍼로니 피자 한 조각의 무게(그램)와 칼로리가 필요하다. 칼로리와 무게에 대한 두 변수 모두 수치형 자료이다. [생각해보기 1.14]는 두 변수 사이의 관계를 탐구한다.

생각해보기 1.14

피자 조각의 경우, 칼로리와 무게라는 두 변수 중 어느 것이 응답변수라고 생각하는가? 어느 것이 설명변수라고 생각하는가?
피자 한 조각의 무게와 칼로리 사이의 관계가 있다고 예상하는가? 만약 그렇다면, 어떤 관계가 있다고 예상하는가?

이 문제에서 관심 대상(응답변수)은 피자 한 조각의 칼로리이다. 피자 한 조각의 무게를 알면 칼로리를 예상할 수 있기 때문에 설명변수는 무게이다. 우선, 우리는 피자 한 조각 무게의 변화가 칼로리의 변화에 영향을 주는지 여부에 관심이 있다. 조각의 크기가 클수록 칼로리가 높을 것이라고 예상하는 것이 합리적일 것이다. 그러나 크기와 재료가 다르고 브랜드도 다르기 때문에, 피자 한 조각의 무게와 칼로리 사이에 어떠한 관계가 확실히 있다고 예상하기 어렵다.

[그림 1.34]는 15개 피자 브랜드의 페퍼로니 피자 한 조각의 무게(그램)와 칼로리에 관한 자료이다(http://caloriecount.about.com/calories-pizza-ic2101). 이 표는 각 브랜드의 페퍼로니 피자의 표본에 관한 자료이다. 편의상, 무게에 따라 자료를 정렬하였다. 각 브랜드의 피자 한 조각의 자료는 (무게, 칼로리)의 순서쌍으로 이루어져 있다.

페퍼로니 피자	1 조각	
	무게(그램)	칼로리
피자헛	97	240
Peter Piper	105	300
Tombstone 오리지널 페퍼로니	113	312
Papa Murphy's	118	310
Marco's Pizza	120	290
DiGiorno 크리스피 페퍼로니	125	320
Tombstone 씬 크러스트 페퍼로니	128	310
California 피자	128	350
Tony 피자	138	406
Schwan 페퍼로니	139	270
DiGiorno 페퍼로니	140	360
Jack's Pizza	156	390
Stouffer's Lean	168	370
Papa Gino's	176	380
Jeno's 크리스피 페퍼로니	192	490

[그림 1.34] 15개 브랜드 별 피자 한 조각의 무게(그램)와 칼로리

[그림 1.34]에서, 피자 한 조각의 무게가 증가할수록 칼로리 역시 대체로 증가함을 알 수 있다. 물론 항상 그렇지는 않다. [생각해보기 1.15]에서 자료를 좀 더 자세히 탐구해보자.

생각해보기 1.15

[그림 1.34]에서, 무게는 더 무겁지만 칼로리가 더 적은 피자 브랜드 두 개를 찾아보자.

Schwan의 페퍼로니 피자가 Tony의 페퍼로니 피자보다 더 무겁지만 칼로리는 더 적다.

이변수 수치형 자료의 공변량을 조사하는 기본적인 그래프는 산점도(scatterplot)이다. [그림 1.35]는 피자 한 조각의 무

게와 칼로리에 대한 산점도이다.

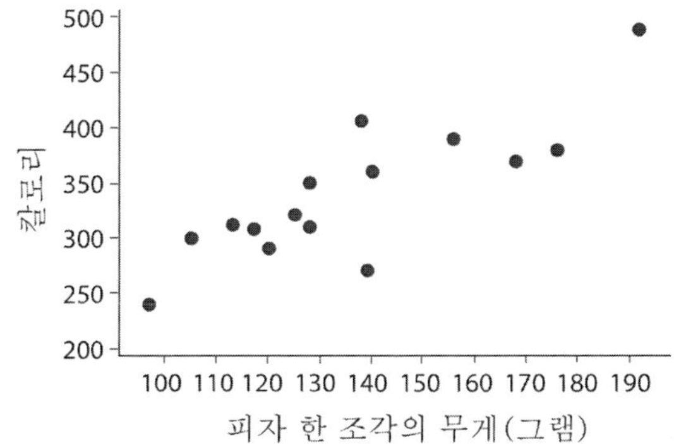

[그림 1.35] 페퍼로니 피자 한 조각의 무게와 칼로리에 관한 산점도

두 수치형 변수 사이의 관계의 일반적인 *방향*(음, 양)과 *형태*(선형, 이차식, 등)를 설명하는 데 산점도가 유용하다. [그림 1.35]는 페퍼로니 피자 한 조각의 무게가 무거울수록 대체로 칼로리도 높다는 것을 보여준다. 또한 이 산점도는 페퍼로니 피자 한 조각의 무게와 칼로리에 관한 자료에서 매우 강한 양의 선형성을 보여준다.

4) 상관계수

> 필수 이해 3d. 상관계수는 이변수 자료의 수치적 요약으로서, 두 변수 사이의 관계에 대한 강도를 측정한다.

앞의 논의에서, 서로 다른 브랜드의 페퍼로니 피자 한 조각의 무게와 칼로리 사이의 관계를 '매우 강하다'고 기술하였다. '매우'라는 질적인 수사는 산점도에 대한 주관적인 해석이다. 관계의 강도에 관한 인상은 척도 따라 달라질 수 있다. 통계학의 중요한 목적 중의 하나는 자료에 근거하여 두 변수 사이의 관계의 강도를 측정하는 수치적 요약(numerical summary)을 제공하는 것이다. 이러한 아이디어는 분포의 중심 측도로서 평균(또는 중앙값)을 사용하는 것이나 자료의 변이성의 측도로서 사분위수 범위(또는 표준편차)를 사용하는 것과 비슷하다. 두 변수 사이의 관계의 강도를 측정하는 수치적 요약을 *상관계수(correlation coefficient)*라고 한다.

이변수 수치형 자료에서 가장 자주 사용되는 상관계수는 *피어슨 상관계수(Pearson's correlation coefficient)* 이고, r이라고 표기한다. 피어슨의 r은 두 수치형 변수 사이의 선형관계의 강도와 상관관계의 방향을 측정한 값이다. 피어슨의 r을 계산하는 공식은 다소 복잡하지만, 대부분의 통계 소프트웨어 패키지와 그래픽 계산기에서 피어슨의 r 값을 계산해준다.

피어슨의 r의 대안이 되는 상관계수로서 *사분위 수의 비율(사분위 비율; quadrant count ratio)* (QCR)[5]이 있다. 이 개념은 피어슨의 r과 관련되어 있다. Kader & Franklin(2008)은 QCR과 피어슨의 r의 관계를 자세하게 설명하였다.

페퍼로니 피자 조각 15개의 표본의 평균 무게는 136.2g 이고, 평균 칼로리는 339.9 칼로리이다. [그림 1.36]은 [그림 1.35]의 산점도 위에 평균 무게(136.2)를 기준으로 수직선을, 평균 칼로리(339.9)를 기준으로 수평선을 표시한 것이다. 이러한 두 개의 선분이 산점도를 4개의 집단 즉, 다음과 같은 사분면으로 나눈다.

- 우상 또는 1 사분면: 피자 조각의 무게와 칼로리가 각각의 평균보다 크다.
- 좌상 또는 2 사분면: 피자 조각의 무게는 평균 무게보다 작고, 칼로리는 평균 칼로리보다 크다.
- 좌하 또는 3 사분면: 피자 조각의 무게와 칼로리가 각각의 평균보다 작다.

5) 사분면 수의 비율 (QCR)은 두 가지 양적인 변수 사이의 연관성을 측정 한 것으로 통계 실습에 QCR은 일반적으로 사용되지 않는다. 오히려 Pearson 상관 계수의 중간 단계로 사용될 수 있기 때문에 통계 교육에 유용한 도구이다(Wikipedia; https://en.wikipedia.org/wiki/Quadrant_count_ratio).

- 우하 또는 4 사분면: 피자조각의 무게는 평균 무게보다 크고, 칼로리는 평균 칼로리보다 작다.

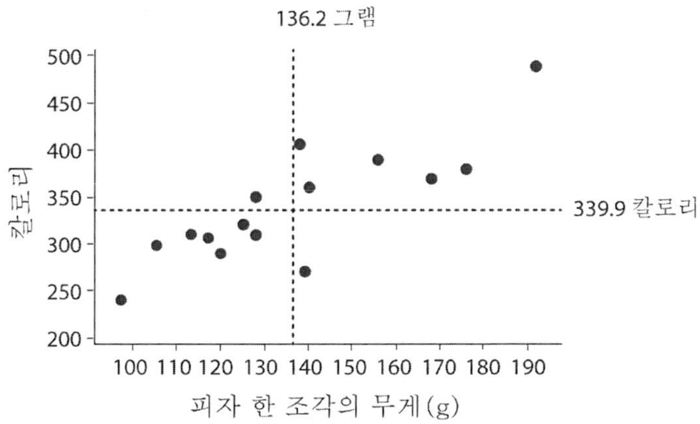

[그림 1.36] 평균 무게와 평균 칼로리에 따라 네 개의 사분면으로 분할된 산점도

[생각해보기 1.16]은 사분면에 위치한 자료점들의 패턴과 두 변수 사이의 일반적인 관계를 관련지어 보는 활동이다.

생각해보기 1.16

산점도의 점들이 주로 1 사분면과 3 사분면에 있다면, 이러한 관계의 일반적인 방향은 어떠한가?
산점도의 점들이 주로 2 사분면과 4 사분면에 있다면, 이러한 관계의 일반적인 방향은 어떠한가?

1사분면과 3사분면에 있는 자료 점들은 *일치한 상태(agreement)*로서, 두 좌표 모두 각각의 평균보다 크거나(1 사분면) 각각의 평균 보다 작다(3 사분면). 2 사분면과 4 사분면에 있는 자료 점들은 *불일치한 상태(disagreement)*로서, 한 좌표는 평균보다 크고, 다른 좌표는 평균보다 작다. 2 사분면과 4사분면의 점들은 자료의 음의 경향을 나타낸다.

[그림 1.36]의 산점도는 전반적으로 양의 경향을 보여주는데,

1 사분면과 3 사분면(양의 경향 사분면)에 13개의 점이 있고, 2 사분면과 4 사분면(음의 경향 사분면)에 2개의 점이 있다. 사분위수의 비율(QCR)은 다음과 같이 계산한다.

$$QCR = \frac{(1\text{사분면과 } 3\text{사분면의 점의 개수}) - (2\text{사분면과 } 4\text{사분면의 점의 개수})}{\text{모든 사분면의 점의 개수}}$$

페퍼로니 피자 한 조각의 무게와 칼로리에 관한 자료에서 $QCR = \frac{13-2}{15} = 0.73$이다.

사분위수의 비율은 다음과 같은 성질을 가진 상관계수이다.

1. $-1 \leq QCR \leq 1$
2. $QCR = \pm 1$이라면, 모든 점들이 1사분면과 3사분면에 있거나(+1) 2사분면과 4사분면에 있다(-1).
3. 일반적으로, QCR이 ±1에 가까울수록, 두 변수의 양의 관계(+1) 또는 음의 관계(-1)가 강해진다.
4. 일반적으로, QCR이 0에 가까울수록, 두 변수의 관계는 약해진다.

예 1.5의 피자에 관한 자료에서, 사분위수의 비율이 양수이므로 대체로 양의 관계를 나타내고, 1에 비교적 가까우므로 강한 양의 관계를 볼 수 있다. 이 자료에 대한 피어슨의 r 값은 0.83 으로, 페퍼로니 피자 한 조각의 무게와 칼로리 사이에는 매우 강한 양의 선형관계가 있다. 피어슨의 r과 다르게, 사분위수의 비율은 두 변수의 선형관계의 강도는 측정하지 못하고, 두 변수의 양의(음의) 관계의 강도만을 측정한다.

5) 선형성 요약하기

필수 이해 3e. 두 수치형 변수에 대한 이변수 자료의 경향이 선형적일 때, 중심선(centrally located line)은 예측에 유용하다.

기울기와 직선의 방정식에 대해 자세한 논의는 식, 방정식, 함수의 필수 이해 6-8학년(Lloyd, Herbel-Zisenmann Star (2011) 참고

예 1.5의 피자에 관한 자료를 조사하면서 페퍼로니 피자 한 조각의 무게와 칼로리 사이에 매우 강한 양의 선형관계가 있다고 결론지었다. 통계학을 응용하는 또 다른 방법은 두 변수 사이의 관계를 이용하여 예측하는 것이다. 설명변수의 값이 주어지면 그 관계를 이용하여 응답변수의 기댓값을 예측할 수 있다.

[그림 1.35]의 산점도에 나타난 경향이 대체로 선형이지만, 무게와 칼로리의 관계가 확실한 선형은 아니다. 따라서 예측에 유용한 여러 가지 직선이 존재한다. 통계학에서는 산점도의 점들 중간에 위치한 직선을 찾는다. 중간에 위치한 직선을 여러 개 찾을 수 있는 것처럼, 다양한 전략을 사용해 적절한 직선을 결정하는 것이 가능하다.

우선, 산점도의 점들의 중간에 위치한 것처럼 보이는 직선을 그리는 전략이 가장 간단하다. [그림 1.37]처럼 '눈으로 보기에' 자료 점들의 중앙을 통과하는 직선을 그리는 것이다. 7개의 자료 점이 직선 위에 있고, 8개가 직선 아래에 있다.

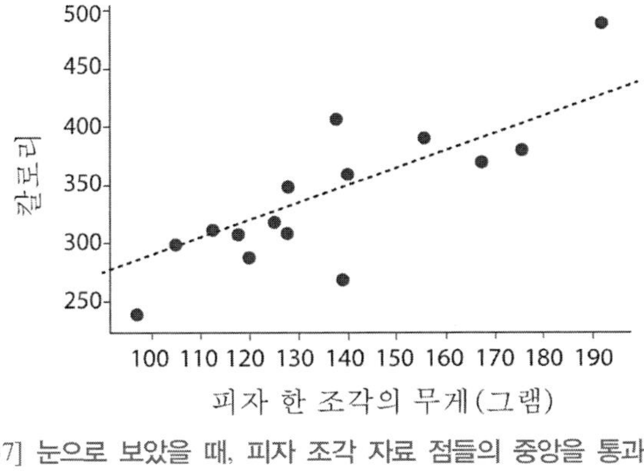

[그림 1.37] 눈으로 보았을 때, 피자 조각 자료 점들의 중앙을 통과하는 직선

선택한 직선의 방정식을 알지 못하지만, 이 직선을 사용하여 예측할 수 있다. 예를 들어, 무게가 150g인 피자 한 조각의 평균 칼로리를 예측하기 위해 다음과 같이 할 수 있다.

- 수평 축(피자 무게)의 150 지점을 지나는 수직선을 그린다.
- 우리가 선택한 직선과 이 수직선의 교점에서 수평선을 그린다.
- 이 수평선과 수직 축(칼로리)의 교점의 좌표가 150g짜리 피자의 예상 칼로리가 된다.

이 과정이 [그림 1.38]에 나타나있다.

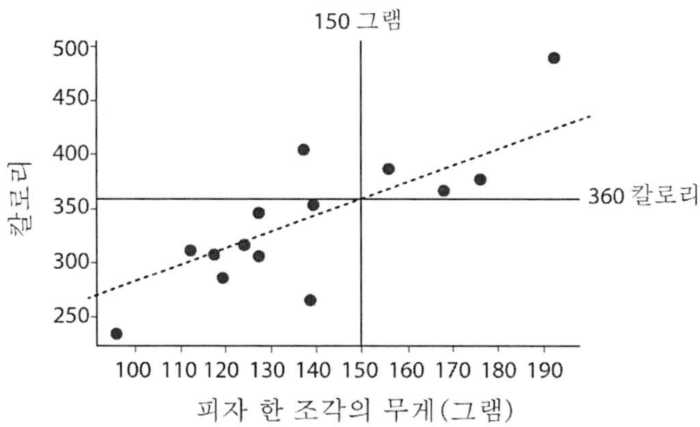

[그림 1.38] 150g짜리 피자 조각의 칼로리 예측하기

이러한 과정을 통해 150g인 피자 조각의 칼로리가 대략 360 칼로리라고 예측할 수 있다. 어떤 직선을 이용하든지 자료의 변이성 때문에, 이러한 예측이 확실하지는 않다. 대신, 150g짜리 피자 조각의 칼로리에 대한 기댓값을 알려줄 뿐이다.

중심선을 찾는 또 다른 전략은 선형적인 경향을 대표하는 두 점을 선택하여 이 점들을 지나는 직선을 이용하여 예측하는 것이다. 예를 들어, [그림 1.39]처럼 (125,320)과 (156,390)의 두 점을 지나는 직선을 이용할 수 있다. 눈으로 보고 찾은 직선을 이용한 방식과 유사한 방식으로 이 직선을 이용하여 예측할 수 있지만, 다른 점은 우리가 이 직선이 지나는 두 점을 알고 있기 때문에, 직선의 방정식을 구할 수 있다는 것이다.

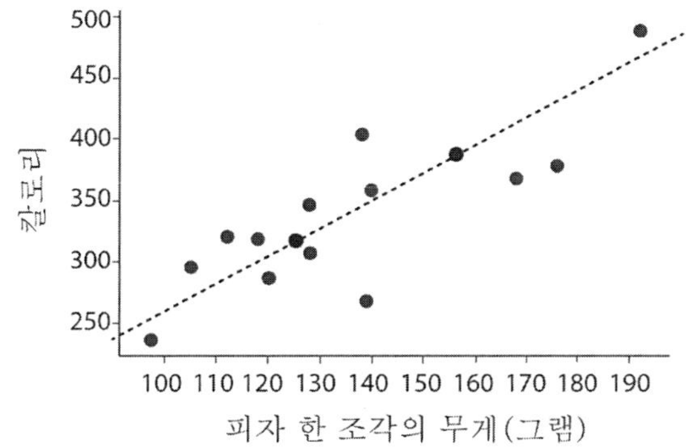

[그림 1.39] 피자 조각에 관한 자료를 대표하는 두 점을 지나는 직선

대수에서 직선의 방정식을 다음과 같이 쓴다.

$$y = mx + b$$

x에 곱해진 m을 직선의 *기울기*라고 한다. 기울기는 독립변수(x)의 단위증가량에 따른 종속변수(y)의 변화량을 의미한다. 이 방정식에서 b는 y절편으로서 x가 0일 때의 y의 값이다. 직선 위의 두 점 (x_1, y_1)과 (x_2, y_2)을 알고 있을 때, 기울기와 y절편을 다음과 같이 구할 수 있다.

$$m = \frac{y_2 - y_1}{x_2 - x_1}; \qquad b = y_2 - mx_2 \quad \text{또는 } b = y_1 - mx_1$$

[그림 1.39]의 직선의 기울기와 y절편은 다음과 같다.

$$m = \frac{390 - 320}{156 - 125} = \frac{70}{31} \approx 2.26 \text{ 칼로리/그램},$$

$$b = 390 - \frac{70}{31} \times 156 \approx 38 \text{ 칼로리}$$

따라서 무게가 주어졌을 때 칼로리를 예측하는 일차방정식은 다음과 같다.

$$\text{예상칼로리} = 2.26 \times \text{무게} + 38$$

그래서 150g인 피자 한 조각에 대하여

$$\text{예상칼로리} = 2.26 \times 150 + 38 \approx 377\,\text{칼로리}$$

이다.

다시 말하지만, 이러한 예측 값은 150g인 페퍼로니 피자 한 조각의 평균 칼로리에 대한 추정치일 뿐이다.

대부분의 그래픽 계산기와 통계 소프트웨어 패키지는 *중앙값-중앙값 직선(median-median line)*의 방정식을 알려준다. 중앙값-중앙값 직선을 *저항직선(resistnat line)*이라고도 하는데, 특이점에 대해 저항력이 크기 때문이다. 이 직선을 결정하는 절차는 복잡하고 이 책의 수준을 넘어선다. 자세한 설명은 Velleman & Hoaglin (1981)에 제시되어 있다. [그림 1.35]의 자료에서, 무게에 따른 칼로리를 예측하는 중앙값-중앙값 직선의 방정식은 다음과 같다.

$$\text{예상칼로리} = 1.45 \times \text{무게} + 135$$

[그림 1.40]은 산점도 위에 그린 중앙값-중앙값 직선이다. 중앙값-중앙값 직선을 이용하여 150g인 피자 조각이 약 352.5칼로리일 것으로 예측할 수 있다.

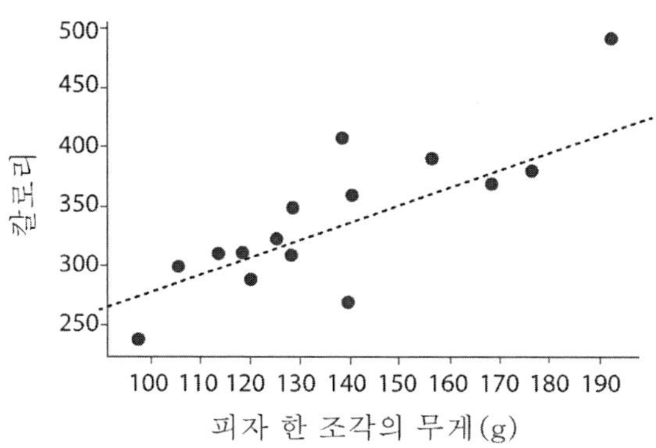

[그림 1.40] 산점도 위에 그린 중앙값-중앙값 직선

통계학에서 예측을 위해 가장 많이 사용하는 직선은 최소제곱회귀선(또는 최적합선)이다. 최소제곱선의 기울기와 y절편을 계산하려면 미적분을 이해해야 하고 여기서 논의하지는 않지만, 대부분의 통계 소프트웨어 패키지와 그래픽 계산기에서 이 직선의 방정식을 구해준다. 자세한 방법은 Freedman, Pisani, & Purves(2007)에 나와 있다. [그림 1.35]의 자료를 사용하여 구한 최소제곱선의 방정식은 다음과 같다.

$$\text{예상 칼로리} = 1.94 \times \text{무게} + 75.5$$

[그림 1.41]은 산점도 위에 최소제곱선을 그린 것이다. 최소제곱선을 이용하여 150g인 피자 조각이 약 366.5칼로리일 것으로 예측할 수 있다.

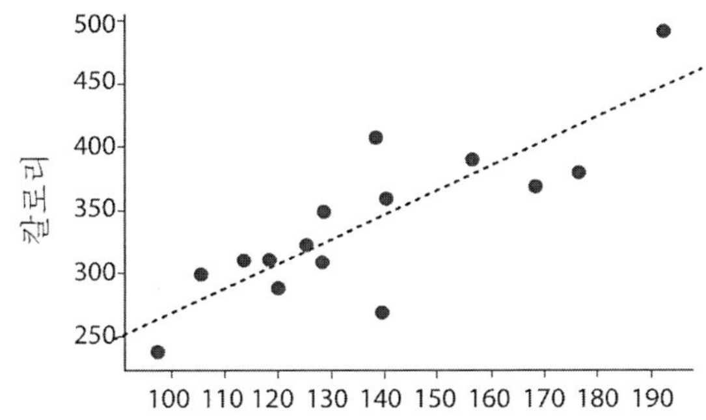

[그림 1.41] 피자조각 자료에 관한 최소제곱선

피자 조각의 무게와 칼로리 사이의 관계를 보여주는 최소제곱선의 기울기는 얼마인가? 기울기에 대한 통계적 해석은 두 변수의 관계가 확실하다는 점을 제외하면, 대수적 해석과 유사하다. 피자 문제에서 최소제곱선의 기울기는 1.94칼로리/그램이다. 이것은 15개의 피자 브랜드에 대하여, 피자 조각의 무게가 1g 증가할 때마다 평균 칼로리가 1.94칼로리씩 증가한다는 의미이다.

Big idea

핵심 아이디어 3: 이변수 분포는 두 변수에 관한 자료에서 공변동의 패턴이나 경향을 표현한다.

두 수치형 변수에 대한 자료와 관련하여 핵심 아이디어 3의 논의를 정리하면 다음과 같다. 관계에 대한 질문에 답하려면 두 변수에 관한 자료(이변수 자료)가 필요하다는 것이다. 이변수 자료의 분석은 자료의 공변량의 패턴을 확인하고 기술하는 일이다. 이변수 수치형 자료를 수집할 때, 산점도를 사용하면 자료의 공변량을 볼 수 있고 관계의 일반적인 방향이나 형태를 확인하는데 효과적이다. 두 수치형 변수 사이의 관계에 대한 여러 측면을 기술하는 수치적 요약이 여러 가지 존재한다. 사분위비율(QCR)은 양 또는 음의 경향의 강도를 측정한다. 피어슨의 상관계수는 선형관계의 방향과 강도를 측정한다. 피어슨의 r과 산점도 모두가 두 수치형 변수 사이의 일반적인 선형관계를 나타날 때, 산점도의 중심선을 사용하여 이러한 관계를 요약할 수 있고, 설명변수의 특정 값에 따른 응답변수의 값을 예측할 수 있다.

핵심 아이디어 4

표본과 모집단

핵심 아이디어 4. 추리 통계는 모집단의 표본을 사용하여 모집단의 특징을 기술한다.

Big idea

지금까지 다룬 통계적 문제해결의 사례에서 사용한 자료는 교실의 학생들이 수집한 것이거나 인터넷과 같은 다양한 출처에서 공개된 것들이다. 우리의 자료 분석은 자료의 분포를 요약하는데 초점이 맞추어졌으며, 결과 해석은 기술적 수준에서 이루어졌다. 자료 집단을 넘어서는 해석은 비형식적이었다. 그러나 통계학의 가장 중요한 영역 중 하나는 *통계적 추리(statistical inference)*이다. 통계적 추리는 표본의 자료를 사용하여 모집단의 특징을 기술하는 것이다. 수치형 변수의 경우, 중심이나 변이성의 크기와 같은 모집단 분포의 특징을 기술하는 데 관심이 있다

이후 논의에서 이야기되는 두 개의 분포가 하나의 변수와 관련된 것임을 기억하는 것이 중요하다.

- 변수가 취할 수 있는 값들과 각 값의 빈도를 보여주는 모집단 분포
- 하나의 표본에서 변수가 취할 수 있는 값들과 각 값의 빈도를 보여주는 표본분포

그 이후에는 세 번째 분포인 *표집분포(sampling distribution)* 에 대해 논의할 것이다.

표, 그래프, 수치적 요약을 이용하여 모양, 중심, 변이성의 크기와 같은 분포의 특징을 요약한다. 모집단 분포의 특징을 기술하는 수치적 요약을 *모수(parameters)*라고 한다. 예를 들어, 모집단 분포의 중심과 변이성의 크기를 알려주는 평균과 표준편차 등이 모수이다. 표본분포의 특징을 기술하는 수치를 *통계량(statistics)*이라고 한다. 예를 들어, 표본분포의 중심과 변이성의 크기를 알려주는 표본의 평균과 표준편차가 통계량이다.

모집단의 모수와 표본의 통계량을 구분하기 위해, 통계학자들은 관습적으로 각각에 대해 서로 다른 기호를 사용한다. 모집단의 평균과 표준편차를 각각 μ 와 σ 로 표기한다. 표본평균과 표본 표준편차는 각각 $\overline{x}$와 s로 표기한다.

통계적 추리의 한 가지 방법이 표본의 자료에 근거하여 모집단의 모수를 추정하는 것이다. 표본의 자료에 근거하여 모집단의 평균을 추정하는 가장 합리적인 출발점은 표본평균 $\overline{x}$를 구하는 것이다. [생각해보기 1.17]에서 표본평균과 모평균을 관련지어 생각해보도록 한다.

생각해보기 1.17

모집단에서 한 표본을 선택했을 때, 표본평균이 모평균과 같을 것이라고 예상하는가?
한 모집단에서 크기가 같은 두 표본을 선택했을 때, 두 표본의 평균이 서로 같을 것이라고 예상하는가?

모집단에서 선택한 표본에 대해, 우리는 표본평균이 모평균과 같을 것이라고 예상하지 않는다. 또한, 이 모집단에서 다른 표본을 선택했을 때, 이 표본의 평균이 첫 번째 표본의 평균과 같을 것이라고도 기대하지 않는다. 따라서 통계적 추리의 기본적인 질문은 "표본의 크기가 정해진 경우에, 표본평균($\overline{x}$)이 모평균(μ)과 얼마나 가까울 것으로 기대할 수 있는가?"이다.

이 질문에 답하기 위해, 반복된 표집에서 표본평균의 전반적인 경향을 이해할 필요가 있다. 즉, 한 모집단에서 같은 크기의 표본을 반복해서 뽑았다면, 표본평균은 표본마다 다를 것이다. 표본평균의 표본 간 변이성이 보여주는 전반적인 경향을 이해하기 위해, 분포를 알고 있는 모집단에서 반복해서 뽑은 표본을 조사할 필요가 있다(대부분의 통계 연구에서는 모집단의 분포를 알지 못한다는 사실에 유의한다).

1) 표본 통계량의 변이성

> 필수 이해 4a. 통계량의 표집분포는 동일한 모집단에서 같은 크기로 뽑은 다수의 표본에서 구한 통계량 값의 표본 간 변이성을 기술한다.

이상적으로 보면, 표집분포를 결정하려면 가능한 모든 표본을 뽑아야 한다. 그러나 이는 실용적이지 않다. 대신, 몇 개의 표본을 뽑고, 이러한 표본을 이용하여 표본 간 변이성을 구한다. 다음 예는 이러한 아이디어를 설명한다.

문학작품의 저작권은 논쟁의 주제이다. 예를 들어, 베이컨(F. Bacon)이 세익스피어의 작품으로 알려진 몇몇 작품을 저술했다는 주장이 있다. 문학 컴퓨팅(Literary computing)은 단어의 용법, 길이, 문장구조, 언어의 기타 특징 등을 분석하여 작가의 작품을 조사하는 연구 분야이다.

다음의 예는 실제 문제는 아니지만, 표집, 표집분포, 통계적 추정(statistical estimation)과 관련된 중요한 아이디어를 설명하는 데 적합하다. 이 예에 대한 보다 자세한 설명은 Chance & Rossman (2006)에 나와 있다.

예 1.6: 게티스버그 연설.

남북전쟁 시기, 펜실베니아 주 게티스버그의 전쟁터에서, 링컨은 미국 역사상 가장 유명한 연설을 하였다. 1863년 11월 18일의 그 연설은 아래와 같다.

The Gettysburg Address

Four score and seven years ago our fathers brought forth on this continent, a new nation, conceived in Liberty, and dedicated to the proposition that all men are created equal.

Now we are engaged in a great civil war, testing whether that nation, or any nation so conceived and so dedicated, can long endure. We are met on a great battlefield of that war. We have come to dedicate a portion of that field, as a final resting place for those who here gave their lives that that nation might live. It is altogether fitting and proper that we should do this.

But, in a larger sense, we cannot dedicate—we cannot consecrate—we cannot hallow—this ground. The brave men, living and dead, who struggled here, have consecrated it, far above our poor power to add or detract. The world will little note, nor long remember what we say here, but it can never forget what they did here. It is for us the living, rather, to be dedicated here to the unfinished work which they who fought here have thus far so nobly advanced. It is rather for us to be here dedicated to the great task remaining before us—that from these honored dead we take increased devotion to that cause for which they gave the last full measure of devotion—that we here highly resolve that these dead shall not have died in vain—that this nation, under God, shall have a new birth of freedom—and that government of the people, by the people, for the people, shall not perish from the earth.

게티스버그 연설

지금으로부터 87년 전, 우리 조상들은 자유가 실현됨과 동시에 모든 인간은 천부적으로 평등하다는 원리가 충실하게 지켜지는 새로운 나라를 이 대륙에서 탄생시켰습니다.

우리는 지금 대대적으로 내전 상태에 휩싸인 채, 우리 조상들이 그토록 자유가 실현되길 바라면서, 그토록 소중한 원리가 충실히 지켜지길 원했던 국가가 얼마나 오랫동안 존립할 수 있을지 우려되는 시련을 겪고 있습니다.

> 오늘 우리는 이 내전으로 인해 격렬한 전투가 벌어졌던 자리에 모였습니다. 우리는 우리나라를 구하려다가 자신의 목숨마저 희생당한 분들에게 마지막 안식처로서 그 싸움터의 일부를 바치고자 합니다. 우리는 너무도 당연하고도 적절한 조치로서 이렇게 하지 않을 수 없습니다.
> 하지만 한층 더 엄밀한 의미에서 살펴보면, 이 땅을 바치고 봉헌하고 성지로 만드는 존재는 결코 우리가 아닙니다. 우리가 끼어들 여지도 전혀 없이, 전사자든 생존자든 여기서 싸웠던 용감한 분들이 이미 이 곳을 성스러운 곳으로 탈바꿈시켰습니다. 세상 사람들은 우리가 여기서 하는 말에 대해 그다지 주목하지도 않을뿐더러 오랫동안 기억하지도 못하겠지만, 그분들이 여기서 이루어 냈던 업적만큼은 결코 잊지 못할 것입니다. 이제 우리는 살아남은 자로서 이곳에서 싸웠던 그분들이 그토록 애타게 이루고자 염원했던 미완의 과업을 달성하기 위해 마땅히 헌신해야 합니다. 우리는 명예롭게 죽어 간 분들이 마지막 신명을 다해 이루고자 했던 대의에 더욱더 헌신할 수 있는 커다란 힘을 그분들로부터 얻고, 그분들의 죽음을 결코 헛되이 하지 않겠다고 다시 한 번 굳게 다짐함으로써, 우리는 이제 우리 앞에 미완으로 남아 있는 위대한 과업을 달성하기 위해 헌신할 수 있습니다. 우리가 그처럼 헌신적인 노력을 기울일 때, 신의 가호 속에서 우리나라는 새롭게 보장된 자유를 누릴 수 있고, 우리나라는 국민의, 국민에 의한, 국민을 위한 정부로서 결코 지구상에서 사라지지 않을 것입니다.

우리가 조사할 통계적 질문은 “게티스버그 연설문의 단어 표본에 근거하여, 이 연설에서 사용된 단어의 평균 길이는 얼마인가?”이다.

이 질문에서, 모집단은 게티스버그 연설문에 담긴 268개의 단어이다. 우리가 주목하는 변수는 수치형 변수인 단어의 길이(글자의 수)이다. 8학년 학생 25명에게 이 통계적 질문을 하였다고 가정하자. 우선, 학생들은 게티스버그 연설문의 다양한 길이의 단어를 대표하는 10개의 단어에 동그라미 표시를 한다. 예를 들어, 한 학생이 다음과 같은 10개의 단어를 선택했다고 하자.

unfinished	under	our	testing	detract
remember	died	living	nation	people

학생들은 자신의 표본에 들어 있는 단어의 길이를 기록한다. 각자 점그래프를 그리고 자신의 표본의 평균을 구한다. 위 학생의 표본에서 얻은 자료(글자의 수)는 다음과 같다.

10 5 3 7 7 8 4 6 6 6

10개의 단어 길이에 대한 점그래프는 [그림 1.42]와 같다. 이 학생의 표본에 대한 평균 단어 길이는 $\bar{x} = 6.2$ 이다.

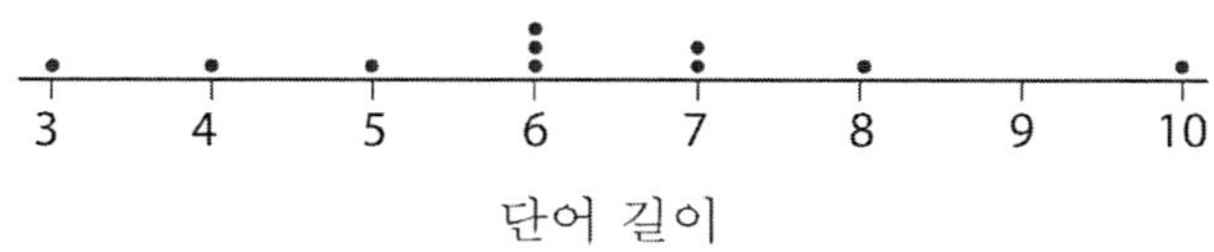

[그림 1.42] 단어 10개의 표본에 대한 단어 길이 점그래프

이제 학생들은 25개의 표본에서 구한 평균을 모은다. [그림 1.43]은 25개의 평균을 모은 표이다.

학생	표본 평균($\overline{X}$)	학생	표본 평균($\overline{X}$)
1	6.2	14	7.9
2	5.1	15	5.2
3	6.0	16	5.9
4	5.7	17	8.4
5	6.7	18	6.5
6	5.5	19	4.0
7	4.2	20	5.6
8	8.5	21	5.8
9	6.5	22	6.4
10	4.7	23	7.4
11	6.4	24	6.2
12	7.0	25	7.9
13	5.9		

[그림 1.43] 크기가 10인 표본 25개의 단어 길이의 평균

표본평균은 표본 간에 서로 다르기 때문에, 표본평균 자체로는 앞의 질문에 답할 수 없다. 이것은 통계적 추리의 가장 중요한 아이디어 가운데 하나인, 통계량의 변이성은 표집의 결과라는 아이디어를 설명하고 있다. 이러한 표본 간 변이성을 이해하는 핵심은 표본 통계량 $\overline{x}$을 변수로 생각하는 것이다. $\overline{x}$의 변이성의 패턴을 확인하려면 그 분포 즉, 표본평균 $\overline{x}$의 표집분포를 조사해야 한다. 지금까지 논의한 세 가지 분포를 구분하는 것이 중요하다.

- 모집단 분포는 변수에 대해 모집단의 각 개체로부터 얻은 값의 변이성을 기술한다.
- 표본 분포는 모집단에서 뽑은 특정 표본에 속한 자료 값의 변이성을 기술한다(예를 들어, [그림 1.42]의 점그래프가 표본분포를 나타낸다).

■ 표집분포는 같은 크기의 모든 표본에 대한 통계량(예를 들어, 표본평균 $\overline{x}$)의 표본 간 변이성을 기술한다.

표본분포와 표집분포의 용어가 서로 비슷하여 혼란스러울 수 있음에 유의해야 한다. 표본분포는 특정 표본 내의 자료들의 변이성을 기술한다. 표집분포는 표본 간의 표본 통계량의 변이성을 기술한다.

표본평균의 표집분포는 같은 크기의 모든 표본으로 이루어진 분포이다. 예 1.6의 게티스버그 연설문에서 10개의 단어로 이루어진 표본의 개수는 4.4×10^{17}가지 이상이다. 표본의 모든 경우의 수를 선택하는 것은 현실성이 없다. 대신, 우리는 몇 개의 표본을 선택하여 대략적인 표집분포를 결정한다. 이러한 대략적인 표집분포를 *경험적 표집분포(empirical sampling distribution)*라고 한다.

[그림 1.44]는 [그림 1.43]의 표에 제시된 표본평균 25개에 대한 점그래프이다. 이 점그래프는 경험적 표집분포를 나타내며, 크기가 10인 표본들에 관한 표본평균의 표본 간 변이성을 보여준다. 특히, [그림 1.44]의 점그래프는 25개 표본들의 표본평균이 모두 4.0과 8.5 사이에 있음을 나타낸다. 표본평균의 차이가 4.5글자 이상인 경우가 없으며, 표집분포의 모양이 대체적으로 대칭이며 그 중심은 약 6.0 글자라고 볼 수 있다.

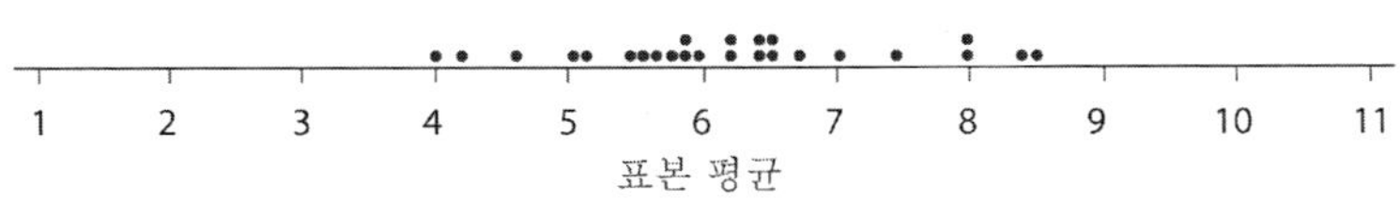

[그림 1.44] 25개의 표본평균에 대한 점그래프

이 조사에서는 모집단 분포를 알 수 있는데, 이는 통계학에서 매우 이례적인 일이다. [그림 1.45]와 [그림 1.46]은 각각 게티스버그 연설문의 단어 길이에 대한 도수와 상대도수를 나타낸 표와 히스토그램이다. 연설문의 268개 단어 전체에 대한 평균 단어 길이는 약 4.3글자이다. 따라서 모수 μ 의 값은 4.3글자이다. [생각해보기 1.18]은 [그림 1.42]와 [그림 1.44]에 나타난 결과와 모집단의 여러 가지 요약치 사이의 관계를 비교한다.

단어	도수	상대도수(%)
1	7	2.6
2	49	18.3
3	54	20.1
4	59	22.0
5	34	12.7
6	27	10.1
7	15	5.6
8	6	2.2
9	1	3.7
10	4	1.5
11	3	1.1
Total	268	99.9

[그림 1.45] 게티스버그 연설문의 단어 길이에 관한 모집단분포

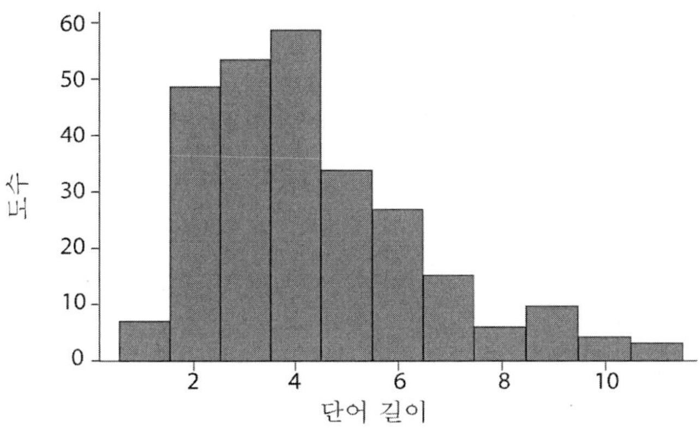

[그림 1.46] 게티스버그 연설문의 단어 길이에 관한 모집단의 도수 히스토그램

생각해보기 1.18

[그림 1.42]의 표본분포에 대한 점그래프와 [그림 1.46]의 모집단분포에 대한 히스토그램을 비교해보자.
[그림 1.43]의 25개 표본평균의 값과 모집단평균 4.3을 비교해보자.
모집단평균보다 작은 표본평균은 몇 개인가? 모집단평균보다 큰 표본평균은 몇 개인가?

모집단에서 단어의 73%가 글자 수는 2,3,4,5개 인데, 표본의 단어는 30%만이 이와 같은 글자 수를 갖는다. 모집단에서 6개 또는 그 이상의 글자 수를 가진 단어는 25% 미만인데, 표본에서는 단어의 70%가 이와 같은 글자 수를 갖는다. 따라서 이 학생이 선택한 표본에서는 글자 수가 긴 단어가 과도하게 대표성을 띠고 있다. 이러한 과도한 대표성의 결과로서 표본평균 6.2가 모집단평균보다 크게 나타났다. [그림 1.44]에 따르면, 25개의 표본 중 23개(92%)의 평균이 4.3보다 큰데, 이는 대부분의 학생들이 글자 수가 긴 단어를 과도하게 많이 선택하는 경향이 있음을 보여준다. 모집단의 여러 가지 특징들을 지나치게 많이 또는 적게 대표하도록 표본을 의도적으로 뽑는 경향이 나타난다면, 이러한 표집방법은 *편향적인(biased)* 것이다.

학생들이 모집단에서 단어 길이의 변화에 관한 자신의 주관적인 의견에 근거하여 표본을 선택하였기 때문에, 이 예의 표집방법을 *주관적 선택(subjective selection)*이라고 할 수 있다. 이를 통해 사람들에게 표본 선택을 맡겨둘 경우 모집단을 대표하는 표본을 선택하기가 쉽지 않음을 알 수 있다.

2) 단순 무작위 표집

필수 이해 4b. 표본을 선택하는 공정한 방법은 모집단에서 단순 무작위 표본을 선택하는 것이다.

무작위 선택과 무작위 할당에 관한 자세한 설명은 통계의 필수 이해: 9-12학년 (Peck, Gould, and Miller 2013) 를 참고

주관적 선택의 편향을 제거하는 한 가지 전략은 모집단에서 단순 무작위 표본을 선택하는 것이다. 단순 무작위 표집에서, 크기가 같은 각각의 표본들을 선택할 확률은 동일하다. 따라서 게티스버그 연설문에서 10개의 단어로 된 단순 무작위 표본을 선택할 때, 4.4×10^{17}가지 이상의 각 표본이 선택될 확률은 같다. 단순 무작위 표집에서, 모집단의 각 개체 역시 선택될 확률은 같다. 따라서 단순 무작위 표집은 표본을 뽑는 공정한 방법이다.

모집단에서 단순 무작위 표본을 선택하는 것은 모집단의 모든 개체가 포함된 목록을 만들고 각 개체에 서로 다른 숫자를 부여하는 것으로 시작한다. 이러한 목록을 *표집 틀(sampling frame)*이라고 한다. 표집 틀을 만드는 방법은 다음과 같다. 게티스버그 연설문의 첫 단어인 "Four"를 목록에 넣고 숫자 1을 부여한다. 연설문의 두 번째 단어인 "score"는 목록에서 2가 된다. 이러한 방식으로 계속 목록을 만드는데, 마지막 단어인 "earth"에 부여된 번호는 268이다. 표집 틀을 여기에 제시하지는 않았지만, 게티스버그 연설문의 표집 틀은 Chance & Rossman (2006)에서 확인할 수 있다.

표집 틀의 목록에서 각각의 단어에 부여된 수는 1(첫 단어)에서 268(마지막 단어)까지 이다. 10개 단어의 표본을 선택하기 위해, 계산기나 컴퓨터의 난수 발생기를 사용하여 1에서 268 사이의 자연수 10개를 선택한다. 예를 들어, 난수생성기에서 다음의 10개 자연수를 얻을 수 있다.

33 152 114 93 248 170 233 97 22 224

표집 틀을 사용하여 10개의 단어로 된 표본을 찾고 각각의 단어 길이를 구한 것이 [그림 1.47]이다.

단어에 부여된 수	단어	단어 길이
33	are	3
152	but	3
114	we	2
93	is	2
248	brith	5
170	dedicated	9
233	shall	5
97	proper	6
22	to	2
224	devotion	8

[그림 1.47] 게티스버그 연설문의 10개 단어의 무작위 표본

이 표본에 대한 점그래프가 [그림 1.48]이다. 단어 10개의 단어 길이의 평균은 $\overline{x}=4.5$ 글자이다.

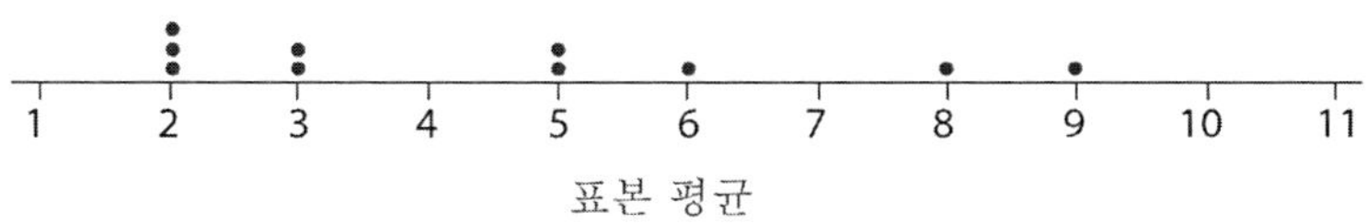

[그림 1.48] 10개 단어의 무작위 표본에 대한 표본분포

이러한 방법을 이용하여 각각의 학생들이 단순 무작위 표본을 선택하고 각 단어의 길이를 기록하여 점그래프를 만들고 표본평균을 구할 수 있다. 이러한 25개 표본으로 구한 평균은 다음과 같다.

25개의 무작위 표본에서 구한 $\bar{x}$

4.5	4.0	5.1	3.9	6.0
5.0	3.2	4.6	3.3	5.5
4.8	4.2	3.4	4.4	6.4
3.1	4.5	3.5	3.9	4.3
3.8	4.5	3.8	4.1	5.5

이러한 25개 무작위 표본의 표본평균에 대한 경험적 표집분포를 [그림 1.49]의 점그래프로 나타냈다. [생각해보기 1.19]의 질문은 표본평균과 모평균의 관계에 관한 것이다.

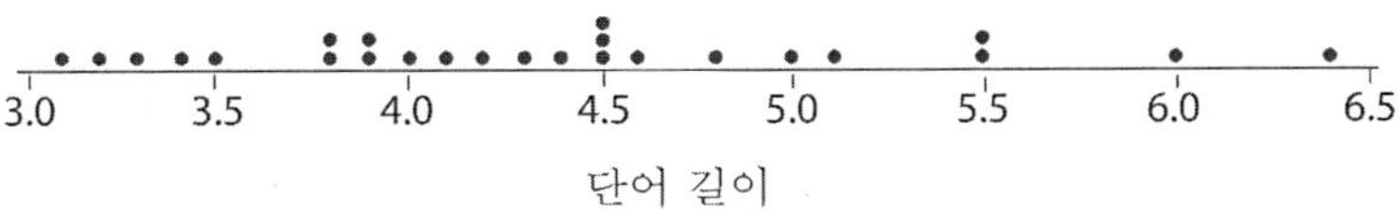

[그림 1.49] 25개 단순 무작위 표본의 표본평균에 대한 경험적 표집분포

생각해보기 1.19

[그림 1.49]의 25개 표본평균의 값과 모평균 4.3을 비교해보자. 모집단 평균보다 작은 표본평균은 몇 개인가? 모집단 평균보다 큰 표본평균은 몇 개인가? 단순 무작위 표집은 편향적이지 않은 것으로 보이는가? 설명해보자.

25개 표본 중에 12개의 평균이 4.3보다 작고, 12개는 4.3보다 크다. 따라서 단순 무작위 표집은 모집단의 특정 측면을 의도적으로 지나치게 기술하거나 너무 적게 나타내지 않는다. 따라서 단순 무작위 표집은 공정하고 편향적이지 않다.

3) 표집분포와 통계적 추리

> 필수 이해 4c. 무작위 표집으로 구한 통계량의 표집분포에서 예측할 수 있는 패턴을 통해 모집단에 관해 추리할 수 있다.

지금의 논의를 시작하게 된 기본적인 질문을 다시 떠올려 보자. "표본의 크기가 정해진 상황에서, 표본평균($\bar{x}$)이 모평균(μ)과 얼마나 가까울 것으로 기대할 수 있는가?" 이 질문을 더 깊이 있게 조사하기 위해, 25명의 학생들이 단순 무작위 표본을 3개씩 더 뽑아서 크기가 10인 표본을 모두 100개 선택했다고 하자. 이러한 100개의 표본으로 만든 표본평균에 대한 경험적 표집분포를 [그림 1.50]의 줄기와 잎 그림으로 나타냈다(줄기와 잎 그림에 관한 논의를 떠올려보면, 줄기와 잎을 해석하는 방법을 설명하는 것이 중요하다. 이 경우, 줄기가 일의 자리 수를 나타내고, 잎은 소수 첫째 자리를 나타낸다.) [생각해보기 1.20]은 표본평균의 경험적 표집분포에 대한 이 표현을 설명하고 있다. [생각해보기 1.21]은 표본평균의 표집분포와 모집단 분포의 관계를 탐구한다.

```
2H| 5
3L| 11233344444
3H| 556777888889999999
4L| 0000001111111222222233344444
4H| 5555556666777777778888999
5L| 000001111111333
5H| 55
6L| 04
```

L 은 0-4를 나타내고, H는 5-9를 나타낸다. 2H|5 는 2.5에 나타냄

[그림 1.50] 100개의 표본평균에 대한 줄기와 잎 그림

생각해보기 1.20

[그림 1.50]에 나타난 100개의 표본평균에 대한 경험적 표집분포를 어떻게 설명할 것인가? 이 분포에서 모양, 중심, 변이성의 크기를 설명해보아라.

생각해보기 1.21

[그림 1.46]의 히스토그램에 나타난 모집단 분포와 [그림 1.50]의 줄기와 잎 그림으로 표현된 표본평균($\overline{x}$)에 대한 경험적 표집분포를 비교해 보아라.
모양을 어떻게 비교할 것인가? 중심을 어떻게 비교할 것인가? 분포 내의 변이성의 크기를 어떻게 비교할 것인가?

모집단분포는 오른쪽으로 치우쳐있고, 단어의 글자 수는 1글자와 11글자 사이에 있으며, 10글자 이상 차이가 나는 단어는 없다. 가장 많은 단어의 길이는 4글자이고 59개(22%)의 단어가 이에 해당한다. 약 60%의 단어가 글자 수는 2와 4 사이에 있고, 83%의 단어가 글자 수는 2와 6 사이에 있다. 단어 길이의 평균은 4.3글자이다.

경험적 표집분포는 왼쪽으로 살짝 치우쳐 있지만, 모집단 분포보다는 종의 모양에 가깝다. 모든 표본의 평균은 2.5와 6.4 사이에 있고, 두 표본평균의 차이가 3.9보다 크지는 않다.

표본의 28%는 표본평균이 4.0과 4.4 사이에 있고, 표본의 69%는 표본평균이 3.5와 4.9 사이에 있으며, 표본의 95%는 표본평균이 3.1과 5.3사이에 존재한다. 100개 표본평균의 중앙값은 4.25이고 100개 표본평균의 평균은 약 4.3이다. 표본평균의 평균과 중앙값 모두가 모집단 분포의 평균인 4.3에 가깝다는 점에 주목할 필요가 있다.

따라서 모집단 분포는 왼쪽으로 치우쳐 있고 경험적 표집분포는 종 모양이지만, 모집단 분포와 경험적 표집분포 모두의 중심은 비슷하다. 또한 경험적 표집분포의 변이성이 모집단 분포의 변이성 보다 작은데, 이러한 사실을 [생각해보기 1.22]에서 다루고 있다.

생각해보기 1.22

게티스버그 연설문에서 뽑은 표본의 평균이 5.3글자였다면, 이 표본평균은 모평균에서 얼마나 멀리 벗어난 것인가? 어떤 표본의 평균이 3.1글자였다면, 이 표본평균은 모평균에서 얼마나 벗어난 것인가?

[그림 1.50]의 경험적 표집분포의 경우, 선택된 표본의 95%는 표본평균이 3.1과 5.3 사이이다. 만약 표본평균이 3.1과 5.3 사이에 있다면, 모평균 μ =4.3에서 기껏해야 1.2글자 차이가 날 뿐이다. 이것이 통계적 추정의 기본적인 개념 즉, 표본평균으로 모평균을 추정할 때의 오차한계 개념이다. 이러한 경험적 표집분포의 경우, 표본평균의 95%에 대한 오차한계는 1.2글자이다. [그림 1.50]의 경험적 표집분포에 근거하여, 기본적인 질문인 "표본의 크기가 정해진 상황에서, 표본평균($\overline{x}$)이 모평균(μ)과 얼마나 가까울 것으로 기대할 수 있는가?" 에 대한 답은 다음과 같다. 크기가 10인 무작위 표본의 약 95% 수준에서, 표본평균은 모평균과 1.2글자 차이 이내에 존재한다.

물론, 이 예에서는 모집단 분포와 모평균 모두를 알고 있으므로, 모평균을 추정할 필요가 없다. 그러나 이 예에서 설명한 표집분포의 기본 원리는 모집단 분포와 모평균을 모르는 상황에도 적용될 수 있다. 표집분포와 관련된 아이디어를 설명하는 또 다른 활동의 사례로 "펭귄 수 세기"가 있다(Perry & Kader (1998), Kasten & Newton (2011)에서 활동 가이드 참고).

Big idea

핵심 아이디어 4: 추리 통계는 모집단의 표본을 사용하여 모집단의 특징을 기술한다.

핵심 아이디어 4에 관한 논의를 요약하자면, 표본평균 $\overline{x}$의 표본 간 변이성에 초점을 두었다는 점을 강조할 필요가 있다. 이러한 표본 간 변이성은 표본평균의 표집분포로 설명할 수 있다. 게티스버그 연설문의 단어 길이에 대한 사례는 단순 무작위 표집에 따른 표본평균에 대한 표집분포의 기본 성질을 다음과 같이 설명하고 있다.

- 표집분포에서, 몇몇 평균은 모평균보다 크고, 몇몇은 모평균보다 작다. 전체적으로 보면, 표본평균은 모평균 μ 에 다가간다.
- 표집분포는 모집단 분포보다 변이성이 작은 경향이 있다.
- 표집분포의 모양은 모집단 분포보다 종 모양(단봉, 대칭)에 가까운 경향이 있다.

이러한 성질은 통계학에서 가장 유명한 정리 가운데 하나인 중심극한 정리의 기본 아이디어이다. 중심극한정리는 다음과 같다. 표본의 크기 조건이 만족되면, 모평균 μ , 모표준편차 σ 인 모집단에서 같은 크기의 단순 무작위 표본을 반복해서 선택할 때, 표본평균 $\overline{x}$의 표집분포는 근사적으로 정규분포(단봉이고 대칭적인 분포)를 이룬다.

02 결론

통계학은 자료의 변이성에 관한 연구라고 할 수 있다. 중학교 수준에서 통계학의 핵심 아이디어와 필수이해를 설명하면서, 통계학을 문제해결 과정으로 보았고, 이러한 문제해결 과정의 각 단계에서 변이성이 하는 중요한 역할에 초점을 두었다. 중학교 수준의 통계는 다양한 유형의 통계적 조사를 포함해야 한다. 이러한 조사는 탐색적이고 기술적이어야 하며, 학생들의 통계적 사고가 발달함에 따라 초점을 넓혀가야 한다. 학생들에게 효과적인 통계적 경험을 제공하기 위해, 교사는 자신의 이해에 도전할 수 있는 기회와 통계적 사고를 넓힐 수 있는 경험을 가져야 한다. 교사는 자료의 분포를 요약하고 표

Big idea

핵심 아이디어 1: 분포는 자료의 변이성을 기술한다.

Big idea

핵심 아이디어 2: 통계는 둘 이상의 자료 집단을 비교하는데 유용할 수 있다.

Big idea

핵심 아이디어 3: 이변수 분포는 두 변수에 관한 자료에서 공변동의 패턴이나 경향을 표현한다.

Big idea

핵심 아이디어 4: 추리 통계는 모집단의 표본을 사용하여 모집단의 특징을 기술한다.

현하는 방법을 깊이 있게 이해하고(핵심 아이디어 1), 둘 이상의 자료 분포를 비교하고(핵심 아이디어 2), 두 변수에 대한 자료 사이의 관계를 기술하고(핵심 아이디어 3), 표본을 사용하여 모집단에 관해 추리할 수 있어야 한다(핵심 아이디어 4).

제2장

선수 학습과 후속 학습의 연계성

1장의 핵심 아이디어와 필수이해에 관한 논의의 대부분은 중학교 단계의 **「수학과 공통 핵심 규준」**(CCSSM, Common Core State Standards Initiative [CCSSI] 2010)을 실천하기 위해, 교사가 이해해야 할 통계적 개념에 관한 것이었다. 중학교에서 배우는 개념들은 초등학교에서 배운 기초적인 개념에 근거하고 있으며, 앞으로 고등학교에서 배울 내용의 바탕이 된다. 6-8학년의 통계적 아이디어는 중학교 수학교육과정의 여러 주제들과 관련되어 있다. 본 장에서는 1장에서 논의한 핵심 아이디어와 필수 이해에 비추어 중학교에서 배우는 통계적 개념의 수직적 수평적 연결성을 다룬다.

01 통계적 아이디어의 수직적 연결성, 유치원에서 12학년까지

앞으로 진행될 논의는 중학교에서 배우는 통계적 개념이 초등학교의 선행 경험과 어떻게 관련되어 있고, 앞으로 고등학교에서 배울 내용과 어떻게 관련되어 있는지를 다룬다. 초등학교, 중학교, 고등학교에서 배우는 통계적 개념들의 연결성을 이해하기 위해, 교사들은 문제해결 과정이 모든 학교 급의 통계적 사고에 어떻게 포함되어 있는지를 이해하고, 1장에서 논의한 핵심 아이디어 및 필수이해와 관련지어 문제해결 과정을 고려해야 한다.

1) 초등학교 단계에서 기초 다지기

중학교에서의 통계적 사고는 초등학교 단계의 기초적인 경험에 근거한다. 학생들은 일상적인 실생활 상황에서 제기되는 통계적 질문에 답하면서 이러한 경험을 쌓는다. "우리들이 가장 좋아하는 아이스크림 맛은 무엇인가?", "얼마나 많은 주머니를 가지고 있는가?"와 같은 질문은 초등학생들에게 중요하고 흥미롭다. 질문의 맥락이 있는 자료를 학생들에게 소개함으로써 통계학과 수학의 중요한 차이 즉, 자료가 수 이상의 의미를 가진다는 것을 알려줄 수 있다. 자료는 맥락이 있는 수이다.

통계적 질문을 탐구하는 기회를 통해, 학생들은 학급에서 자료를 수집하여 모든 학생들이 똑같은 아이스크림을 좋아하는 것이 아니고 주머니의 개수도 같지 않다는 것을 발견할 수 있다. 그 결과 학생들에게 각 개체별로 자료가 다르다는 개념을 소개할 수 있다. 자료가 다양하기 때문에, 학생들은 자료의 변이성을 이해할 수 있는 방식으로 자료를 조직해야 하고, 자료를 분석하는 방법을 배워야 한다. 자료 분석의 시작은 각각의 결과를 세고 그림그래프를 그리는 것이다. 시각적 표현 이후, 학생들은 분석 결과를 논의한다. 그 결과 가장 많이 좋아하거나 가장 적게 좋아하는 아이스크림 또는 가장 자주 나타나는 주머니의 개수를 찾아낼 수 있다. 이러한 기초적인 경험을 통해 학생들은 통계학을 문제해결 과정으로 생각하게 된다.

「**수학과 공통 핵심 규준**」(CCSSM)에는 유치원에서 5학년까지 배워야 하는 다양한 통계 내용이 포함되어 있다. 또한 통계적 질문에 답하기 위해 수집된 자료를 조직하고 분석하는 다음과 같은 방법이 포함되어 있다.

- 대상을 분류하고 범주화한다.
- 자료의 분포를 표로 나타낸다.
- 자료의 분포를 그림그래프, 막대그래프, 선 그래프(점그래프) 등의 다양한 그래프로 나타낸다.

초등학교에서, 자료의 분포는 각 자료 값의 도수로 표현된다. 초등학교 교사는 신중하게 설계된 질문을 통해, 학생들이 다양한 표현 수단을 사용하고 결과를 해석하도록 지도하여 중학교에서 통계를 배울 수 있도록 준비시켜야 한다.

2) 중학교 단계에서 기초를 강화하고 확장하기

중학교는 물론 그 이후로도 통계학을 잘 배우려면, 학생들은 초등학교에서 배운 기초개념을 강화하고 확장시키는 기회를 가져야 한다. 중학교에서 학생들은 독자적으로 통계적 질문을 제기하기 시작한다. 학생들은 수집한 자료의 유형(범주형 또는 수치형)에 근거하여 적절하게 분포를 표현하는 법을 배우고, 도수 또는 상대도수로 요약된 표현을 만드는 법을 배워야 한다. 개체별 자료 값이 아닌 자료의 집단에 근거하여 표현하는 법을 배워야 한다. 상대도수를 이용한 표현을 해석하려면 비례추론이 가능해야 한다. 이러한 능력은 중학교 수학교육과정의 중요한 목표이다.

범주형 자료를 이용하여 통계적 질문에 답한다고 할 때, 결과 해석에는 가장 많은 범주를 찾는 것뿐만 아니라 범주형 자료의 변이성의 크기가 상대도수와 관련되어 있다는 점을 인식하는 것도 포함한다. 수치형 자료를 이용하여 통계적 질문에 답할 때, 결과 해석에는 분포의 모양, 중심, 변이성의 크기 등에 관한 논의가 포함되어야 한다.

중학생들은 중심과 변이성에 관한 표준 측도에 익숙해져야 한다. 학생들은 분포의 모양에 근거하여 가장 적합한 중심의 측도를 확인할 수 있어야 한다. 이들은 어떤 요약 측도가 다른 것에 비해 특이점의 영향을 덜 받는다는 점을 배운다. 이러한 내용은 핵심 아이디어 1에 해당하고 1장에서 논의한 것이다.

> Big idea
> 핵심 아이디어 1: 분포는 자료의 변이성을 기술한다.

중학생들은 수치형 자료로 된 두 집단의 분포를 비교하는 통계적 질문을 다룬다. 이러한 비교를 통해, 학생들은 서로 겹치는 영역과 겹치지 않는 영역을 확인하면서 분포 사이의 차이와 유사성을 설명한다. 학생들은 두 분포 사이에 겹치지 않는 영역이 많을수록 두 분포 사이에 의미 있는 차이가 있음을 배운다. 학생들은 두 분포 사이의 겹침의 정도가 각 분포 내의 변이성의 크기와 관련이 있음을 배운다. 또한 두 분포의 중심을 비교하면서, 분포의 차이의 크기를 판단하는 데 사용할 수 있는 한 가지 요인이 분포 내의 변이성의 크기임을 배운다. 이러한 아이디어가 핵심 아이디어 2의 본질이다.

Big idea

핵심 아이디어 2: 통계는 둘 이상의 자료 집단을 비교하는데 유용할 수 있다.

중학생들은 또한 두 변수 사이의 관계를 탐구해야 하는 통계적 질문을 다루기 시작한다. 두 범주형 변수 사이의 상관관계는 상대도수를 이용한 조건부 분포의 비교를 통해 결정된다. 두 변수 사이의 상관관계가 없을 때, 조건부 분포는 서로 같다. 조건부 분포의 차이가 클수록, 두 변수 사이의 상관관계가 강하다.

두 수치형 변수 사이의 관계를 확인하려면 이변수 자료의 산점도를 그리고, 이 산점도에 나타난 경향의 방향(양 또는 음)과 형태(선형, 비선형)를 통해 관계의 특징을 설명한다. 중학생들은 형태가 선형인 관계를 다루고, 선형성을 표현하고 예측이 용이한 직선을 결정하는 여러 가지 전략을 배운다. 이러한 개념과 절차는 핵심 아이디어 3에서 논의하였다.

Big idea

핵심 아이디어 3: 이변수 분포는 두 변수에 관한 자료에서 공변동의 패턴이나 경향을 표현한다.

통계학의 중요한 목표는 표본으로부터 모집단으로 일반화하는 것이다. 통계적 추리의 기본은 모집단에서 선택한 무작위 표본을 사용하는 것이다. 중학생들은 무작위 표집의 기본 아이디어를 배우고, 단순 무작위 표집이 모집단을 대표하는 표본을 선택하는 방법임을 배운다. 이러한 개념이 핵심 아이디어 4의 초점이다.

Big idea

핵심 아이디어 4: 추리 통계는 모집단의 표본을 사용하여 모집단의 특징을 기술한다.

중학생들이 다루는 질문의 유형이 점차 정교해지면서, 학생들의 통계적 사고 기법을 지도하는 교사의 역할이 더욱 중요해진다. 분포에 대한 표상이 복잡해지고 통계적 조사의 결과 해석이 미묘해질수록 교사의 전문적인 지도가 더욱 필요하게 된다.

3) 고등학교와 그 이상 단계에서 통계적 사고를 확장하기

표집방법과 표본크기의 영향에 관한 자세한 논의는 통계의 필수 이해: 9-12학년(Peck, Gould, and Miller 2013) 를 참고

고등학생들은 독자적으로 자신만의 질문을 제기하고, 자료수집 계획을 고안하고, 적절한 분석 방법을 찾고, 연구 결과를 해석한다. 이 수준에서 학생들은 보다 정교한 수학적 도구와 추론 기술을 갖추게 되어 보다 형식적인 통계적 활동을 수행할 수 있게 된다. 예를 들어, 고등학생들은 일변량 자료와 이변수 자료의 변이성을 기술하는 통계적 모형을 사용하고 이 모형의 질을 평가하는 능력을 갖게 된다.

고등학교 과정을 거치면서 학생들의 자료에 관한 추론은 비형식적 방법에서 통계적 추리로 발전한다. 고등학생들은 대표성 있는 소표본이 대표성이 없는 (편향된) 대표본보다 유용하다는 점을 배운다. 이들은 표집분포에 대해 더 많은 것을 배우고 표본의 크기가 표집분포의 특징에 미치는 영향을 배운다. 무작위 표집과 통계적 추리 사이의 관계에 대한 이들의 이해가 확장되면서 추리와 관련된 불확실성을 수량화하는 방법으로 연결된다.

고등학교 졸업생이 「**수학과 공통 핵심 규준**」(CCSSM)에 제시된 수준의 통계적 사고에 도달하기 위해서 모든 학년에서 통계적 문제해결을 적절하게 경험해야 한다. 학생들이 통계에서 배운 내용을 중학교 교육과정의 수학 및 타 교과와 관련짓도록 도와주는 교사의 노력 역시 중요하다.

02 중학교 수학에서 통계적 아이디어의 수평적 연결성

중학교에서 통계와 수학교육과정의 관계는 밀접하고, 통계 공부는 수학적 기능, 과정 및 사고를 강화하는 데 도움이 된다. 학생들은 종종 수학을 공부하는 목적에 대해 질문한다. 학교수학의 일부로서 통계를 포함하는 것의 가장 큰 장점 중의 하나는 학생들이 배우는 수학에 실질적인 맥락을 제공한다는

점이다. 1장의 많은 사례들은 중학교 수학교육과정의 다양한 주제와 통계 사이의 관련성을 보여주고 있다. 여기에는 수와 연산, 측정, 기하, 대수, 확률이 포함된다. [생각해보기 2.1]에서 이러한 가능성을 살펴보자.

공정한 분배 및 기타 나눗셈 개념은 곱셈과 나눗셈의 **필수 이해: 3-5학년** (Otto et al. 2011) 참고

생각해보기 2.1

1장의 6개의 예를 다시 살펴보자. 통계적 질문을 조사하는 데 사용한 수학 내용과 수학교육과정의 다른 영역 사이에 어떤 관련성을 발견할 수 있는가?

1) 수와 연산

1장의 예를 보면, 자료가 포함되어 있고, 통계를 통해 여러 가지 산술적 개념이 강화될 수 있다. 예 1.1(가장 좋아하는 반려동물)과 예 1.4(운전 중 문자 보내기)는 범주형 자료에 관한 통계적 질문을 조사한다. 두 예에서, 학생들은 자료를 범주화하고, 각 범주에 해당하는 응답의 수를 세고, 각 범주의 상대도수를 계산한다. 즉, 범주화, 세기, 수 감각, 비율 등의 수학적 아이디어를 강화한다.

예 1.2(공부시간)는 통계가 나눗셈, 자릿값, 거리와 절댓값, 지수, 제곱근 등을 이해하는 맥락을 제공한다는 점을 강조한다. 평균을 공정한 또는 균등한 분배로서 이해하는 것은 학생들이 나눗셈 개념을 이해하는 방식과 직접적인 관련이 있다. 질문이 제기된 맥락에서, 평균은 28명의 학생들이 모두 같은 시간만큼(공정한 분배) 공부한다고 했을 때의 공부시간을 나타낸다. 이러한 생각은 나눗셈 연산을 이해하는 데 기초가 된다.

예 1.2의 공부시간에 관한 줄기와 잎 그림은 [그림 2.1]과 같다. "7|5"의 의미를 10이 7개, 1이 5개 있다는 것으로 이해하는 것은 수의 분해와 자릿값 개념을 강화하는 과정이 된다.

> 자릿값, 수의 분해 및 기타 수 개념은 수와 기수법의 필수 이해(Dougherty et al. 2010) 참고

```
2| 05
3| 5
4| 056
5| 05667
6| 00022345556689
7| 015
```

[그림 2.1] 28명의 공부시간에 관한 줄기와 잎 그림

예 1.2는 수치형 자료에서 변이성을 측정하는 문제를 논의했다. 자료 값이 평균으로부터 얼마나 멀리 떨어져 있는지를 생각하는 것은 거리와 절댓값 개념과 관련이 있다. 편차를 제곱하여 평균을 구한 값인 분산 개념 역시 소개하였다. 또한 이 예에서 원래의 자료와 같은 측정 단위를 사용하여 평균에 관한 변이성의 측도를 결정하기 위해 표준편차를 계산하는 아이디어를 논의했다. 이러한 통계적 개념은 학생들의 측정과 수와 연산에 대한 이해를 강화하는 기회를 제공한다.

> 비례추론은 비, 비례, 비례추론의 필수 이해(Lobato and Ellis 2010). 참고

예 1.4(운전 중 문자 보내기)에서, 조사에 참여한 여성의 수가 남성의 수와 다르기 때문에, 연관성이 있는지를 판단하기 위해 학생들은 수와 연산을 넘어서 비례추론을 해야 한다. 1장의 여러 예는 중학교 수학의 중요한 목표인 비례추론의 중요성을 설명하는 풍부한 맥락을 제공한다.

2) 측정과 기하

1장의 예들은 또한 측정과 기하의 개념들이 통계적 문제해결과 어떻게 관련되어 있는지를 보여주고 있다. 예 1.1(가장 좋아하는 반려동물)과 예 1.4(운전 중 문자 보내기)는 비례추론과 기하를 연결한다. 예 1.1에 소개된 원그래프를 통해 학생들은 넓이와 각도의 관계를 탐구하고 기하학 개념들 사이의 관계를 이해할 수 있다. 원 전체 넓이에 대한 비율을 조사해야 하므로 원그래프의 해석은 비례추론을 요구한다.

두 수치형 변수 사이의 관계를 탐구하는 아이디어를 소개하

면서, 1장에서 우리는 사람의 키와 몸무게 사이의 관계를 조사하는 방법을 간단하게 다루었다. 이러한 논의는 측정과 측정단위에 관한 아이디어를 강화하는 맥락을 제공한다. 예를 들어, 키를 센티미터 또는 인치로 측정할 수 있다. 몸무게는 킬로그램이나 파운드로 측정할 수 있다. 물론, 우리가 어떤 사람의 키는 센티미터로 측정하고 다른 사람의 키는 인치로 측정하지는 않는다. 이러한 변수에 관한 자료를 수집하면서 학생들은 측정을 경험할 수 있고 자료를 기록할 때 같은 단위를 사용하는 것이 중요함을 인식할 수 있다.

키와 몸무게에 관한 자료를 수집할 때 정확성 개념 역시 중요하다. 예를 들어, 키를 센티미터 단위로 측정할 때, 정수 단위로 측정해야 하는가? 아니면 소수 첫째짜리 단위로 측정해야 하는가? 어느 것이 적절한가? 키를 인치 단위로 측정할 때는 정수 단위로 측정해야 하는가? $\frac{1}{2}$인치 또는 $\frac{1}{4}$인치 단위로 측정해야 하는가? 이러한 판단에는 올림과 내림의 개념이 포함된다.

3) 대수 개념과 일차함수

그래프 표현과 방정식 및 함수와의 관계는 식, 방정식, 함수의 필수 이해(Llayd, Herbel – Enrmann and Star(2011) 참고

두 수치형 변수의 관계를 탐구하는 과정은 대수 개념을 이해하고 강화하는 적절한 맥락이 된다. 예 1.5(피자 조각)에서 피자 한 조각의 무게와 칼로리 사이의 관계를 조사했다. 이 예를 논의하면서 두 수치형 변수의 관계를 탐구하는 기본적인 표현 방식으로서 산점도를 소개하였다. 산점도를 그리면서 학생들은 좌표평면 위에 자료를 표시하는 기회를 얻게 된다.

직선의 방정식을 구하고 기울기와 y절편을 해석하는 것은 대수학습의 중요한 부분이다. 통계에서 응답변수의 기댓값을 예측하는 데 직선이 사용된다. 예 1.5에서 우리는 여러 가지 직선을 만들었다. 선형의 경향을 대표하는 두 자료의 점을 지나는 직선을 찾을 수 있다. 직선의 기울기 정의를 이용하고 y절편과 직선 위의 다른 점 사이의 관계를 이용하여, 2개의 자료

점 (125, 320)과 (156, 390)을 지나는 직선의 방정식을 구할 수 있다.

$$\text{예상 칼로리} = 2.26 \times \text{무게} + 38$$

[그림 2.2]는 산점도를 통과하는 이 직선을 표현한 [그림 1.39]를 다시 그린 것이다.

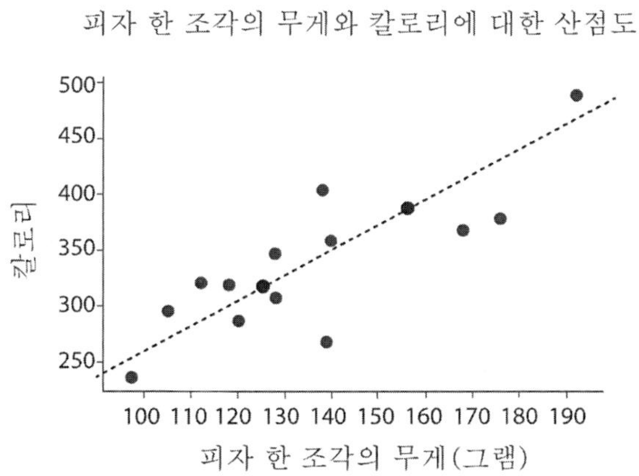

[그림 2.2] 예 1.5(피자 조각)의 자료에 대한 산점도의 두 점을 지나는 직선

학생들은 통계에서 직선은 변이성이 있는 이변수 자료에 근거하고 있다는 점을 인식하고, 확실한 답이 아닌 응답변수의 기댓값을 예측하는 데 직선을 사용한다는 점을 이해해야 한다. 예를 들어, 우리가 찾은 예측선을 이용하여, 150g인 피자 조각의 평균 칼로리를 약 377칼로리라고 예측할 수 있다.

대수에서, 직선의 기울기를 독립변수(x)의 단위증가량에 대한 종속변수(y)의 변화량으로 해석한다. 학생들은 직선의 기울기 개념을 실생활 상황과 관련지어 생각하는 것을 어려워한다. 통계는 기울기를 해석하는 실질적인 맥락을 제공한다. 피자 문제에서 기울기 2.26은 피자 조각의 무게가 1g 증가할 때 기대할 수 있는 칼로리의 증가량이 2.26 이라는 의미이다.

대수적으로 보면, 직선의 y절편은 독립변수 x가 0일 때의 종속변수 y의 값이다. 그래프에서 보면 직선과 y축의 교점이다. 통계는 절편을 해석하는 맥락을 제공한다. 어떤 상황에서는 절편이 의미가 없을 수도 있다. 예를 들어, 피자 문제에서 y절편인 38을 피자 무게가 0g일 때 38칼로리라고 해석할 수 있다. 그러나 이러한 해석은 의미가 없다.

두 수치형 변수 사이의 관계를 탐구하는 활동은 중학교에서 다루는 대수 개념과 밀접한 관련이 있다. 특히, 통계에서 선형 모형에 대한 관심은 이러한 대수 개념을 이해하고 강화하는 맥락을 제공한다.

4) 통계의 도구로서 확률

이 책에서 확률적 모델링과 확률적 추론에 관한 핵심 아이디어와 필수이해를 다루지 않는 것에 의문을 제기하는 독자가 있을 것이다. 이 책의 초점은 교사의 통계적 개념 및 통계적 문제해결 과정에 대한 이해를 증진시키는데 있으며, 이를 통해 교사들은 학생들에게 적절한 경험을 제공하여 학생들의 통계적 사고를 키울 수 있을 것이다. 확률은 흥미로운 수학의 분야이며 수학교육과정에서 많은 관심을 받을 만한 가치가 있다. 확률은 추리 통계를 위해 꼭 필요한 도구이지만, 통계적 개념을 이해하는 데 필요한 수많은 수학적 도구 가운데 하나이다.

확률은 무작위 상황에서의 장기적인 경향성을 예측하는 모형을 만드는 데 사용된다. 확률은 무작위 과정(예를 들어, 회전판을 돌리거나 복권을 구입하는 상황)을 여러 번 반복할 때 발생하는 사건의 상대도수를 설명한다. 수학적 모형을 만들기 위해 확률을 사용하는 것과 통계적 추론을 위한 도구로서 확률을 사용하는 것에는 차이가 있다. 이러한 차이를 강조하기 위해, GAISE에는 [생각해보기 2.2]의 두 가지 문제가 제시되어 있다.

생각해보기 2.2

GAISE(Franklin et al. 2007, p.8)에는 동전에 관한 두 문제가 있다.

문제1: 동전이 '공정'하다고 가정한다.

질문: 동전을 5번 던질 때, 앞면은 몇 번 나오겠는가?

문제2: 한 동전을 선택했다.

질문: 공정한 동전인가?

위 두 질문의 차이는 무엇인가?

문제1은 수학적 확률의 문제이다. 이 질문에 대한 답은 확률적이다. 즉, 공정한 동전을 5번 던졌을 때 나올 수 있는 앞면의 경우의 수에 대한 모형을 만들고 각각의 결과가 "장기적으로" 얼마나 자주 발생하는지를 계산한다. [그림 2.3]은 이 상황에 대한 확률적 모형이다.

앞면이 나온 횟수	확률
0	.03125
1	.15625
2	.31250
3	.31250
4	.15625
5	.03125

[그림 2.3] 동전 던지기에 대한 확률적 모형

문제2는 문제1에서 계산한 수학적 확률 모형을 도구로 이용하여 주어진 동전이 공정한지를 판단하는 통계적 문제이다. 문제2의 통계적 질문에 답하기 위해서는 자료를 수집해야 한다. 이 경우 동전을 실제로 5번 던져보고 앞면이 나오는 횟수를 기록한 것이 자료이다. 동전 던지기 결과를 기록하고, 이 가운데 앞면이 나온 횟수를 요약하여 자료를 만드는 것이다. 동전의 공정성에 대한 판단은 관찰한 앞면의 횟수가 확률 모형을 기준에 비추어 "얼마나 가능성이 높은가"에 따라 결정된다. 불가능해 보이는 결과는 동전이 공정하지 않다는 증거가 된다. 가능해 보이는 결과가 나왔다는 것은 동전이 공정하지 않다는 증거가 강력하지 않다는 뜻이다. 예를 들어, 앞면이 0번 또는 5번 나왔다면, 각각의 결과는 불가능해 보이기 때문에, 이 동전이 공정하지 않다는 증거가 될 수 있다. 반면에, 앞면의 횟수가 1,2,3,4 중에 하나였다면, 동전이 공정하지 않다는 증거가 강력하지 않다고 볼 수 있다. 공정한 동전이라면 이러한 결과가 자주 나타나기 때문이다.

교사는 확률과 통계의 연결성을 강조할 필요가 있지만 통계적 문제해결과 확률적 모델링의 차이도 인식해야 한다. 통계는 변이성 있는 자료에 관한 질문을 다루는 것에 초점을 두고 통계적 문제해결에서는 무작위성이 자료수집에서 핵심적인 역할을 한다.

> Big idea
>
> **핵심 아이디어** 4: 추리 통계는 모집단의 표본을 사용하여 모집단의 특징을 기술한다.

> Big idea
>
> **핵심 아이디어** 2: 통계는 둘 이상의 자료 집단을 비교하는데 유용할 수 있다.

무작위성은 통계에서 서로 다른 두 가지 자료 수집 상황에서 사용된다. 첫째, 모집단에서 대표성 있는 표본을 선택할 가능성을 높이기 위해, 핵심 아이디어 4에서 설명한 것처럼 무작위 선택을 한다. 둘째, 핵심 아이디어 2의 **예 1.3**(소화제)에서 설명한 것처럼, 비교실험에서 실험군과 대조군을 동등하게 구성하는 방법으로 사용된다. 자료수집에서 무작위성을 사용하는 것은 대표성 있는 표본을 뽑거나 실험군, 대조군을 유사하게 선택하는 것 이상의 의미가 있다. 확률은 표본 통계량의 장기적인 움직임을 모델링하는 메커니즘을 제공한다. 이러한 아이디어는 **예 1.6**(게티스버그 연설)에서 설명하였는데, 우리는 반복된 표집으로 구한 표본평균의 변이성을 탐구하였다.

03 교육과정의 다른 교과와 통계

지금까지 통계와 수학의 여러 분야와의 연결성을 확인하였는데, 통계는 교육과정의 여러 과목들과도 연결된다. 1장의 여러 가지 예들은 다른 과목과의 통합을 보여주는 맥락을 제공한다. 첫 번째 통계적 질문(**5쪽**)은 정치적 맥락과 연결된다. 통계와 사회과학 사이의 연결성은 풍부한데, 특히, 선거와의 관련성이 크다. 두 번째 통계적 질문(**5쪽**)은 유사한 직종에 근무하는 남성과 여성의 연봉을 비교하는 방법을 다룬다. 이러한 질문은 사회과학, 경제학과 연결되고 평등과 관련된 주제를 논의하는 맥락이 된다.

통계와 과학의 연결성은 분명하다. 통계적 문제해결 과정은 과학적 탐구 방법과 유사하다. 이러한 연결성은 다른 두 상표의 소화제에 대한 "용해시간"을 비교하는 예 1.3에서 명확하게 드러난다. 과학에서 정교하게 설계된 실험이 중요하다고 배운 것처럼, 학생들은 통계 연구를 설계할 때도 이러한 정교함이 필요하다는 것을 배울 수 있다.

04 결론

6-8학년에서 통계적 문제해결 과정에 참여하는 학생들은 과거의 통계적 경험을 강화하는 기회를 얻게 되고, 고등학교 이후에 경험하게 될 통계적 추론을 위한 기초를 형성하는 기회를 갖게 된다. 통계와 수학의 다른 영역 사이의 풍부한 연결성은 물론이고, 통계를 통해 교육과정의 여러 교과 간의 통합도 가능하다. 실생활 맥락에서 통계를 학습하는 기회를 통해 학생들은 통계에 대한 열정을 키울 수 있고, 학생들이 교실 안팎에서 통계적 사고의 중요성을 인식하면서 통계를 더욱 깊이 있게 배울 수 있다.

제3장

도전: 학습, 교수, 평가

1장에서 소개한 핵심 아이디어와 필수이해를 이해한 교사는 **「수학과 공통 핵심 규준」**(CCSSM, Common Core State Standards Initiative, 2010)에서 6-8학년에 권고하는 통계 영역의 성취기준을 지도할 준비가 되었을 것이다. 1장에서 논의한 핵심 아이디어와 함께, 교사는 이 책 전체를 관통하는 핵심 아이디어를 인식할 필요가 있다. 중학교에서의 통계 지도는 학생들에게 자료 분석 이상의 기회를 제공해야 한다는 것이다. 학생들은 통계적 문제해결 과정의 4단계 즉, 통계적 질문 설정, 자료수집 계획 설계, 자료 분석, 자료 해석 모두를 경험해야 한다.

유치원-12학년 학생들이 통계적 소양을 기르기 위해 반드시 거쳐야 하는 3가지 발달 수준이 **「통계교육 지도와 평가를 위한 안내」**(GAISE)에 제시되었다(Franklin et al. 2007). 이러한 발달 과정은 보다 높은 수준의 통계를 이해하는 능력을 키우는데 필수적이다(Garfield & Ben-Zvi, 2008).

이 장에서는 먼저 GAISE에 제시된 발달 수준을 논의하고, 이 책의 핵심 아이디어를 이해한 교사가 학생들에게 통계적 개념을 지도하는 방법을 논의한다. 이 장의 나머지는 통계적 개념의 이해를 평가하는 것과 관련된 주제를 논의한다.

01 수준의 상승

GAISE는 학생들의 통계적 소양이 발전하는 과정을 A, B, C 세 가지 수준으로 구분하였다. 이 책 전체에서 핵심 아이디어와 필수이해가 포함된 문제를 탐구하는 수단으로서 통계적 문제해결 과정을 활용하였다. 이러한 과정의 각 단계는 GAISE의 세 가지 발달 수준과 관련된 통계적 사고의 변화를 설명하는 데 유용하다.

GAISE의 저자들은 다음과 같은 중요한 사실을 관찰하였다. "세 가지 수준이 학교 급에 대응할 수도 있지만, 각 수준은 나이가 아니라 통계적 소양의 발달에 근거한다." (Franklin et al. 2007, p.13). 그러나 이상적인 환경이라면, 학생들은 수준 A, B, C를 각각 초등학교, 중학교, 고등학교 단계에서 경험할 것이다(Franklin & Mewborn, 2006).

2장에서 논의한 대로, 「**수학과 공통 핵심 규준**」(CCSSM)에는 유치원에서 5학년까지의 통계와 관련된 규준이 있다. 중학교에 입학한 학생들이 A수준에 해당한다고 생각할 수 있지만, 교사는 학생들이 B수준의 통계적 사고로 변화할 수 있도록 도와야 한다. 교사가 1장의 핵심 아이디어와 필수이해를 사용하여 학생들이 수준 상승을 경험하도록 돕는 방법을 아래에서 논의한다.

1) 질문 설정

통계적 질문의 설정은 이 책의 중심 주제이다. 학생들은 통계로 해결할 수 있는 질문의 특징을 이해해야 한다. 첫째, 통계적 질문은 개체가 아닌 집단과 관련된 주제를 다룬다. 둘째, 통계적 질문은 확정적인 답을 기대하지 않고 변이성을 지닌 자료에 근거한 답을 요구한다. 교사는 학생들이 통계적 문제해결 과정에서 질문을 설정하는 것이 중요한 요소임을 인식하도록 지도해야 한다(Shaughnessy & Chance, 2005).

적절한 통계적 질문을 제기하는 능력은 서서히 발달한다. A수준에서는 학생들이 스스로 질문을 만들기를 기대하기 보다는 교사가 질문을 제시해야 한다. 교사는 학생들의 관심을 끄는 주제를 중심으로 학생들을 논의에 참여시키는 것이 중요하지만, 통계적인 방식으로 질문을 제기하는 책임은 교사에게 있다. 예 1.1(가장 좋아하는 반려동물)을 보자. 교사는 "반려동물과 관련하여 궁금한 것을 말해볼까?"라고 질문하면서 학생들을 수업에 참여시킬 수 있다. 학생들이 이 질문에 답하면서, 교사는 학생들이 제기한 모든 아이디어를 기록하고 이와 관련된 통계적 질문을 제기한다.

한 학생이 다음과 같은 질문을 했다고 가정해보자. "네가 가장 좋아하는 반려동물은 무엇인가?" 교사는 학생들이 이 질문에 대한 답의 유형을 예상해보고 분석하도록 지도할 수 있다. 통계적 질문은 자료의 변이성을 기대한다. 이 질문은 질문에 답한 개인에게만 적용되는 하나의 답만 요구한다. 만약 누군가가 가장 좋아하는 반려동물을 개라고 답했다면, 그는 질문에 답한 것이고 그 답을 기록할 수 있다. 그러나 큰 집단에 관해서 무언가를 알아내기는 어렵다. 이러한 질문은 학생들의 관심을 끄는 맥락이 될 수 있지만 통계적 질문이 되려면 수정되어야 한다.

위의 질문과 예 1.1에서 조사했던 질문 "우리가 가장 좋아하는 반려동물은 무엇인가?"의 차이를 생각해보자. 그 차이는 미묘하다. 우선 이 질문은 하나의 확정적인 답(특정 학생이 좋아하는 반려동물)을 요구하지 않는다. 가장 좋아하는 반려동물은 학생마다 다를 수 있다. 이 질문은 개인에게 적용되지(당신이 좋아하는 유형) 않고 집단에(우리가 좋아하는 유형) 적용된다. 이러한 차이는 미묘하지만 교사가 그 차이를 이해해야만 질문을 적절하게 수정할 수 있다.

A수준에서(B수준에서 더 중요한) 교사의 역할은 학생들이 자신에게만 관심을 갖는 것을 넘어서 집단의 특징에 주목하도록 도와주는 것이다(Mokros & Russell, 1995). A수준에서 질문과 자료 수집은 주로 학급과 관련되어 있고 따라서 결과의 해석도 학급에만 적용된다.

학생들이 결과 해석을 그 자료를 수집한 집단 이상까지 확장하게 될 때, B수준으로 상승하게 된다. 학생들이 관심을 가진 질문이 학급에만 한정되지 않게 된 것이다. 교사는 "이 질문을 Doherty 선생님 반에 한다면, 어떤 결과가 나올까?, 같은 결과가 나올 것 같나요?"라는 질문을 통해 학생들이 B수준의 사고를 경험하도록 도와줄 수 있다.

B수준의 학생들은 확정적인 답을 기대하는 질문보다는 변이성을 기대하는 질문을 제기하는 기회를 가져야 한다. 두 집단을 비교하고 두 변수의 관계를 탐구하는 심화된 질문을 다루어야 한다. C수준에 도달한 학생이라면 표본으로부터 모집단으로 일반화할 수 있는 정보를 요구하는 통계적 질문을 스스로 제기할 수 있어야 한다.

2) 자료 수집

질문의 성격과 정교함이 발전함에 따라 자료수집의 방법도 변화한다. A수준에서 학생들은 주로 학급을 조사하고 그 결과는 학급에만 적용한다. 간단한 실험의 일부로서 자료를 수집할 때, A수준의 학생들은 무작위 할당을 사용하지 않을 것이다.

B수준의 학생들은 보다 체계적인 방식으로 수집한 자료에 근거하여 비형식적인 일반화를 시작한다. 예 1.2(공부시간)를 생각해보자. "중학생들이 하루에 숙제하는데 보내는 시간은 얼마인가?"라는 통계적 질문은 전체 중학생들의 공부 습관을 알기 위해서 제기된 질문이지만, 조사한 표본에는 7학년 학생들만 포함되어 있다. [생각해보기 3.1]은 이 상황을 탐구한다.

생각해보기 3.1

7학년 학생들에게 수집한 자료를 전체 중학생에게로 일반화하는 것이 적절한가? 이러한 자료수집 계획에 맞추려면 예 1.2의 통계적 질문을 어떻게 수정해야 하는가? 원래의 질문을 조사하려면 자료 수집 계획을 어떻게 수정해야 하는가?

이 자료에는 7학년 학생들만 있지만, 수집한 자료로 답하려는 질문은 모든 중학생에 관한 것이다. 이 예에서 수집한 자료를 이용하여 답할 수 있는 보다 적절한 질문은 "7학년 학생들이 하루에 숙제하는 시간이 얼마인가?"이다.

Big idea

핵심 아이디어 4: 추리 통계는 모집단의 표본을 사용하여 모집단의 특징을 기술한다.

만약 모든 중학생을 대상으로 일반화하고 싶다면, 중학교의 다른 학년 학생들을 포함시킬 필요가 있다. 핵심 아이디어 4를 이해하는 교사라면 학생들이 이러한 중요한 차이를 알고 모집단을 명확하게 기술할 필요가 있음을 인식하도록 지도할 수 있다. [생각해보기 3.2]는 모집단에서 표본을 선택하는 방법과 관련된 다른 이슈를 제기한다.

무작위성은 통계의 필수 이해: 9-12학년(Peck, Gould, and Miller 2013)의 중심 주제이다.

생각해보기 3.2

공부시간에 대한 조사는 7학년 학생들의 공부시간뿐 이다. 이 조사 결과의 해석을 생각해보자. 학생들을 선택하는 방식이 해석의 범위에 어떠한 영향을 주는가?

7학년 학생들에 관한 예에는 이 학생들을 선택한 방법이 나와 있지 않았다. 이 예는 자료 수집 계획과 관련된 발달 수준의 차이를 강조한다. 만약 7학년 학생 28명이 모두 같은 학급이라면, 그 학급 이상으로 일반화할 수는 없다. 만약 28명을 학교에서 무작위로 선택했다면, 그 학교의 7학년 학생들로 일반화할 수 있다. 만약 지역의 여러 학교에서 무작위로 학생들을 선택했다면, 그 지역의 모든 7학년 학생들로 일반화할 수 있다. 무작위 표본을 사용하여 추리 통계의 질문을 해결하는 것은 C수준에 해당한다.

학생들이 A수준에서 C수준으로 발전하면서, 자료 수집 전략의 차이가 나타나는데, 학급 조사에서 모집단의 무작위 표본 선택으로 발전한다. 보다 큰 모집단으로(지역, 도시, 국가) 일반화하기 위해서, 모집단을 대표하는 표본을 체계적으로 선택하는 방법이 필요하다. 무작위 선택은 대표성 있는 표본을 선택하는 공정한 표집방법이다. 이러한 자료 수집 방법의 발전은 수준C인 고등학생에 해당한다. 핵심 아이디어 4에서 강조했듯이, 자료수집에서 무작위성을 사용하는 것은 통계적 문제해결 과정의 핵심적인 부분이다.

Big idea
핵심 아이디어 4: 추리 통계는 모집단의 표본을 사용하여 모집단의 특징을 기술한다.

3) 자료 분석

질문의 유형과 자료수집 방법이 점차 정교해질수록 자료 분석의 방법 역시 정교해진다. 핵심 아이디어 1~3에서 우리는 수집한 자료의 유형에(수치형 또는 범주형) 따라 자료를 분석하는 다양한 기법을 중점적으로 다루었다. 자료의 변이성에 대한 성찰과 이해가 발달하면서 분석 기법도 발전하였다.

Big idea
핵심 아이디어 1: 분포는 자료의 변이성을 기술한다.

Big idea
핵심 아이디어 2: 통계는 둘 이상의 자료 집단을 비교하는데 유용할 수 있다.

A수준 학생들은 개체의 응답에 따라 시각적으로 자료를 조직화하고 자료가 배치된 위치에 따라 결과를 해석하였다. 이 수준의 학생들은 분포에서 자신의 응답에만 관심을 가지기 쉽고, 개체 간 응답을 비교하거나 개체와 특정 값을 비교한다 (Batanero, Estepa & Godino 1997). 교사는 개체들을 집단과 비교하는 질문을 하면서, 학생들이 집단의 전반적인 분포에 관심을 갖도록 지도해야 한다(Bakker & Gravemeier 2004; Ben-Zvi & Arcavi 2001).

Big idea
핵심 아이디어 3: 이변수 분포는 두 변수에 관한 자료에서 공변동의 패턴이나 경향을 표현한다.

이 수준 학생들은 두 변수가 서로 관련이 있을 것이라는 추측을 하기 시작하지만 이러한 상관관계의 강도를 측정하는 방법은 알지 못한다. A수준 학생들이 가질 수 있는 자료의 시각적 표현과 분포의 패턴에 대한 통찰은 필수 이해 1a, 1c에 해당한다.

필수 이해 1a.
그래프와 표는 범주형 자료의 분포를 나타내는데 유용하다.

필수 이해 1c.
그래프와 표는 수치형 자료의 분포를 나타내는데 유용하다.

A수준에서의 경험을 통해, 학생들은 분포를 탐구하는 다양한 시각적 표현을 접한다(Franklinet al. 2007). 핵심 아이디어 1을 충분히 이해한 교사라면 학생들이 수집한 자료의 유형에 맞는 시각적 표현을 만들도록 지도할 수 있다. 예를 들어, 막대 그래프는 범주형 자료를 요약하는데 사용하고, 히스토그램은 수치형 자료를 표현하는데 적합하다는 점을 학생들이 이

Big idea
핵심 아이디어 1: 분포는 자료의 변이성을 기술한다.

해하도록 지도할 수 있어야 한다.

GAISE에서 제안하듯이, A수준 학생들은 범주형 자료를 다룰 때, 가장 많이 나타나는 범주를 최빈값으로 이해해야 한다. A수준에서 수치형 자료를 다루면서, 평균은 공정한 분배를 나타내는 값이고, 중앙값은 자료를 순서대로 나열했을 때의 중앙에 위치한 값임을 이해해야 한다. A수준의 이러한 경험과 연계하여 B수준에서 이러한 대푯값을 논의한다.

B수준의 학생들은 분포의 표현을 만들고 해석하는 데 능숙해져야 한다. 줄기와 잎 그림, 히스토그램, 도수와 상대도수 분포표, 상자그림 등으로 분포를 표현한다. B수준의 학생들은 대중매체에 제시된 잘못된 시각적 표현을 조사해야 한다. 예를 들어, 분포를 부적절하게 비교하는 픽토그램을 생각할 수 있다 (Watson & Kelly 2003).

Big idea

핵심 아이디어 1: 분포는 자료의 변이성을 기술한다.

핵심 아이디어 1에서 논의한 것처럼, B수준의 학생들은 자료의 변이성의 크기를 수량화하는 보다 정교한 방법을 배워야 한다. 학생들은 평균 절대편차(MAD)를 발견하고 해석할 수 있는 사례를 다루어야 한다. 또한 교사는 학생들에게 사분위 비율(QCR)을 소개하고, 학생들이 두 수치형 변수의 상관관계의 강도를 설명하고 수량화하는 방법으로 사분위 비율를 사용할 수 있도록 지도해야 한다.

Big idea

핵심 아이디어 2: 통계는 둘 이상의 자료 집단을 비교하는데 유용할 수 있다.

Big idea

핵심 아이디어 3: 이변수 분포는 두 변수에 관한 자료에서 공변동의 패턴이나 경향을 표현한다.

C수준의 학생들은 보다 형식적인 분석 기법을 사용한다. 그러나 이러한 기법에 대한 이해는 A수준과 B수준의 기본적인 경험에 기반 해야 한다. C수준 학생들은 표준편차를 사용하여 집단의 변이성을 측정하고, 핵심 아이디어 2와 관련된 개념으로 두 집단을 비교하는 형식적 방법을 사용한다. 핵심 아이디어 3에서 다루었듯이, 이들은 상관관계의 모형을 보다 형식적으로 이해하고 평가한다. 이 책의 핵심 아이디어를 이해한 중학교 교사는 학생들이 자신의 이전 경험을 재해석하고 강화할 필요성을 느낄 수 있는 기회를 줄 것이고, 이는 C수준에서 배우게 될 분석방법을 이해하는 데 도움이 된다.

4) 결과해석

학생들이 통계적 사고와 관련된 발달 수준을 높여가면서, 이들은 설문조사 결과를 설명하는 수준에서 무작위 표본의 결과에 기초하여 모집단에 관한 내용을 일반화하는 수준으로 발전한다. A수준 학생들은 자신의 주변 환경과 관련된 질문을 하고 자료를 수집한다. 자료를 수집한 맥락 내에서 결과를 해석하는 것이 적절하기 때문에, A수준에서의 해석은 범위가 제한적이다. 예 1.1(가장 좋아하는 반려동물)의 경우, 학생들은 다른 상황에서도 이와 유사한 결과가 나타날지에 대해 궁금해 할 수 있다. 그러나 이 결과를 일반화할 수는 없다. 무작위 방식으로 자료를 수집한 것이 아니기 때문이다.

Big idea

핵심 아이디어 2: 통계는 둘 이상의 자료 집단을 비교하는데 유용할 수 있다.

Big idea

핵심 아이디어 3: 이변수 분포는 두 변수에 관한 자료에서 공변동의 패턴이나 경향을 표현한다.

Big idea

핵심 아이디어 4: 추리 통계는 모집단의 표본을 사용하여 모집단의 특징을 기술한다.

B수준 학생들은 비형식적인 방식으로 자료 이상의 내용을 보기 시작한다. 핵심 아이디어 2, 3에서 설명했듯이, B수준 학생들은 두 집단을 비형식적으로 비교할 수 있고 두 변수 사이의 비형식적인 상관관계를 볼 수 있어야 한다. 또한 핵심 아이디어 4에서 논의한 것처럼, 이들은 표본이 모집단을 대표하지 못할 수도 있음을 인식해야 한다. 자료를 적절한 방식으로 수집하지 않았을 경우 이러한 일이 발생한다는 점을 이해해야 한다. 핵심 아이디어 4를 이해한 교사라면 학생들이 C수준의 통계적 추리를 할 수 있도록 지도할 수 있다.

수준C의 통계적 사고에 관해서는 통계의 필수 이해: 9-12학년(Peck, Gould, and Miller 2013). 참고

C수준 학생들은 표본으로부터 모집단으로의 일반화를 배우기 시작한다. 일반화의 가능성은 질문을 설정하는 방식과 자료를 수집한 방식에 따라 결정된다. 핵심 아이디어 4에 포함된 개념에 근거하여, 학생들은 자료 수집 절차에서 무작위성의 중요성을 인식할 필요가 있다(Saldanha & Thompson 2002).

GAISE는 A,B,C 수준에서 통계를 이해한다는 의미가 무엇인지에 대한 예를 제시하고 있다. GAISE는 학생들의 사고와 경험이 유치원에서 12학년까지 발전해가는 방식을 강조한다. B수준을 통과해서 C수준을 향해가는 학생들을 지도하는 교사가 이해해야 하는 내용이 이 책의 핵심 아이디어와 필수 이해

이다. A수준의 내용도 중요하게 다루었는데, A수준에 해당하는 통계적 개념과 사고방식의 상당 부분이 **「수학과 공통 핵심 규준」**(CCSSM)의 유치원-5학년 성취기준에 포함되어 있지 않기 때문이다.

02 통계적 이해 평가하기

이 책 전체를 통해 논의하고 있듯이, 통계를 실천한다는 것은 통계적 문제해결의 4단계에 모두 참여한다는 것이다. 이 책의 핵심 아이디어를 이해한 교사라면 통계의 평가가 자료를 분석하는 능력만의 평가가 아니라는 사실을 이해할 것이다. 통계적 질문과 자료를 수집한 방식과 관련하여 자료를 해석하는 능력도 평가해야 한다. 따라서 통계적 이해를 평가하는 것은 수의 목록을 주고 평균과 같은 어떤 값을 계산하는 방식을 넘어서야 한다. [**생각해보기 3.3**]은 이러한 과제로 통계적 사고를 평가하는 것이 부적절하다는 점을 논의한다.

생각해보기 3.3

주어진 수의 목록에서 값을 계산하는 과제가 통계적 이해를 평가하는 데 적합하지 않은 이유는 무엇인가?

이 책에서 강조하는 핵심 아이디어와 통계교육 공동체에서 생각하는 통계적 이해를 평가하는 방식이 교육과정이나 대입시험에서 강조하는 문제 형식과 다르다는 점을 인식할 필요가 있다. 이 책과 GAISE에서 설명하는 방식으로 통계적 이해를 지도하는 것을 가로막는 장애물 중 하나는 대규모 평가에서 통계를 평가하는 방식이다(Friel et al. 1997; Gal & Garfield 1997; Konold 1995). **「수학과 공통 핵심 규준」**(CCSSM)이 공개되고, 통계적 개념의 이해를 평가하는 방법에 대한 지속적인 노력을 통해 교사와 평가전문가들은 통계를 가르치고 평가하는 방식을 개선하기 시작했다. 이 책의 핵심 아이디어를 이해한 교사라면 자신의 교실에서 통계의 평가를 바꿀 힘을 얻었을 것이다.

통계를 평가하는 방식을 바꿀 필요성을 강조하기 위해, 국가교육성취도평가(NAEP)에 제시된 문제를 중심으로 논의한다. 현재의 통계 평가 관행에 관한 사례와 이 책의 4가지 핵심 아이디어와 관련된 개념을 평가하는 과제 유형에 관한 사례를 살펴본다. 8학년 대상의 국가교육성취도평가는 풍부한 논의사항을 제공한다. 이 책의 핵심 아이디어를 반영한 방식으로 통계를 평가하는 방법에 관한 사례를 제공하기 때문이다. [그림 3.1 - 3.4]의 예는 http://nces.ed.gov/nationsreportcard/에서 참고하였다.

11. 학교 보고서 작성을 위해 Luke는 자동차 영업소를 방문하여 최근의 판매현황에 관한 자료를 수집했다. "어떤 색깔의 자동차가 가장 많이 팔리나요?"라는 질문에 흰색이라는 답을 들었다. 여기서 "흰색"이라는 대답이 나타내는 통계적 측도는 무엇인가?
    A. 평균
    B. 중앙값
    C. 최빈값
    D. 범위
    E. 사분위범위

[그림 3.1] 기억만을 평가하는 문항

Big idea

핵심 아이디어 1: 분포는 자료의 변이성을 기술한다.

이 문항의 단점은 이 문항이 최빈값은 "가장 자주" 나오는 응답이라는 사실을 학생들이 기억하는지의 여부만을 측정한다는 데 있다. 이 문항은 보고하기에 적절한 값이 최빈값이 되는 이유를 학생이 이해하고 있는지를 평가하지 못한다. [그림 3.2]는 기본적인 통계적 개념과 과정에 대한 이해를 평가하지 못하는 다른 문항이다.

어떤 단체에서 다과 준비를 위해 땅콩을 구입하려고 한다. 땅콩의 가격은 무게에 따라 아래 표와 같이 결정된다.

구입한 땅콩 무게	1파운드 당 땅콩가격
0-5	$2.50
6-10	$2.25
11-20	$2.00
20초과	$1.75

10. 땅콩 18개의 가격은 얼마인가?

A. $31.50 B. $34.00 C. $36.00 D. $40.50 E. $45.00

[그림 3.2] 계산 기능을 주로 평가하는 문항

이러한 문항은 학생들이 표나 그래프로 제시된 정보를 이해할 수 있는지, 그리고 이 정보를 이용하여 계산문제를 해결할 수 있는지를 평가한다(Curcio 1989; Friel, Curcio, & Bright 2001). 이러한 질문은 통계적 문제해결 과정의 4가지 요소 중 어느 것도 포함하지 않는다. 이러한 문제가 대규모 평가에서 오랫동안 통계 문제로 분류되어 왔다. 그러나 이러한 문제는 1장에서 논의한 핵심 아이디어 중 어느 것도 평가하지 못한다는 점을 인식해야 한다. 통계적 이해를 평가하기 위해서는 통계적 문제해결 과정의 요소 중 적어도 하나 또는 2개 이상이 문제에 포함되어야 한다.

국가교육성취도평가(NAEP)의 몇몇 문항은 문제해결 과정의 측면을 포함하고 있다. 예를 들어, 8학년 대상 국가교육성취도평가(NAEP)에 출제된 [그림 3.3]과 [그림 3.4]를 보자. 교사는 이러한 예를 사용하여 스스로 문제를 만들거나 선택하여 이 책의 핵심 아이디어에 적합하도록 통계에 대한 평가를 할 수 있다. [그림 3.3]의 문항은 [그림 3.1], [그림 3.2]의 단순한 질문과는 다르다.

8. Malcom의 오토바이 가게에 5일 동안 방문한 고객의 수와 5일 동안의 고객 수의 평균과 중앙값을 나타낸 표이다.

오토바이 가게에 방문한 고객의 수	
1일	100
2일	87
3일	90
4일	10
5일	91
평균	75.6
중앙값	90

평균과 중앙값 중에서 5일 동안의 방문한 고객의 수를 가장 잘 나타내는 것은 무엇인가?
그 이유를 설명하시오.

[그림 3.3] 학생들이 변이성과 특이점을 고려해야 하는 문항

이 문항에서 학생들은 변이성의 성격을 고려해야 하고 특이점 또는 극단적인 값이 중앙값보다는 평균에 큰 영향을 준다는 점을 생각해야 한다(Konold & Pollatsek 2002). 가장 적합한 중심측도를 결정하기 위해서 분포를 고려해야 한다는 아이디어는 핵심 아이디어 1과 관련이 있다. 교사는 이러한 유형의 문제를 통해, 학생들이 요약 통계량(summary statistic)의 장점과 단점을 생각하도록 지도해야 한다. 이 문제와 관련하여, 자료를 수집한 방법과 이 자료가 일상적인 주를 나타내고 있는가에 대한 추가 질문을 할 수 있다. 예를 들어, 한 달 동안의 기간 중에 무작위로 날짜를 선택하는 것이 더 좋은가? 학생들의 통계적 이해를 평가하기에 적합한 유형의 문제이다. [그림 3.4]는 학생들의 통계적 이해를 의미 있는 방식으로 평가하는 또 다른 문항이다. 이 문항은 자료 수집 방법에 대한 이해를 평가한다.

Big idea

핵심 아이디어 1: 분포는 자료의 변이성을 기술한다.

15. 한 도시에서 가장 좋아하는 스포츠를 조사하고 있다. 야구 경기장에서 표집하여 의견을 수집하는 것은 좋은 방법인가? 자신의 생각을 설명하시오.

[그림 3.4] 자료 수집 계획에 대한 학생의 이해를 평가하는 문항

이 문항은 자료 수집 과정에서의 편향 개념을 다루고 있다. 자료 수집 계획을 세울 때 주의해야 할 요소를 어떻게 평가할 수 있는지에 대한 사례이다. 이 문항은 실제로 자료를 수집하지 않더라도, 문제 해결 과정의 자료 수집 요소를 평가할 수 있는 방법이다.

통계의 개념적 이해 수준(LOCUS) 프로젝트는 전통적 평가 방식으로 통계적 이해를 평가하는 여러 가지 예를 제공한다. (http://education.ufl.edu/jacobbe/locus.)

앞서 언급했듯이, 교사는 핵심 아이디어를 이용하여 자신의 수업에서 통계 평가를 바꿀 수 있다. 통계는 *과정(process)*이라는 인식이 반영된 방식으로 학생을 평가할 필요가 있다(Friel et al. 1997). 교사가 수업에서 통계에 대한 평가를 바꿀 수 있는 한 가지 방법은 대중매체의 자료를 사용하는 것이다(Watson, 1997). 학생들에게 자료의 시각적 표현이 적절한지, 질문에 비추어 해석이 타당한지, 자료 수집 방법이 적절한지를 조사해보게 함으로써, 학생들은 실생활에서 통계적 문제해결 과정을 경험할 수 있다.

학생들을 평가하는 또 다른 방법은 학생들이 통계적 문제해결 과정의 각 요소에 참여할 수 있는 프로젝트를 수행하는 것이다. 적절한 안내 하에, 학생들은 프로젝트를 하면서 아이디어를 생성하고 관련된 통계적 질문을 제기할 수 있다. 학생들은 적절한 자료를 수집하여 분석하고 해석할 수 있다. 자료 수집, 분석, 해석이 연구 질문에 적합한지를 평가하는 루브릭을 사용하여 프로젝트를 평가할 수 있다. Starking(1997)은 학생들의 프로젝트 수행에 관해 자세히 논의하였다. 교사는 학생들에게 미국 통계학회의 프로젝트 대회를 소개할 수도 있다(참고: http://www.amstat.org/education/posterprojects/whatisastatproject.cfm).

03 결론

중학교에서 통계를 가르치는 일은 초등학교에서 배운 A수준의 통계적 개념에 대한 이해를 보강하고 강화하면서 시작한다. 학생들은 중학교 단계를 거치면서, 이러한 개념을 확장하는 경험을 해야 하는데, 우선 통계적 사고를 B수준으로 올리고 C수준으로 올라갈 수 있는 토대를 마련해야 한다. 통계적 문제해결의 각 요소 별로 기대하는 성장에 대해 교사가 익숙해지는 것이 중요하다. 그래야 학생들의 수준 상승을 도와줄 수 있다.

이 장에서는 통계적 이해의 평가와 관련된 주제도 다루었다. 맥락 없이 단절된 절차 수행만을 요구하는 평가보다는 통계적 문제해결 과정의 여러 가지 요소를 다루는 평가의 필요성을 강조하였다.

1장의 핵심 아이디어와 필수이해를 이해한 교사는 과제와 평가문항을 선택하고 조절할 수 있고 2장에서 설명한 교육과정의 흐름에 관심을 가져야 한다. 이 책은 교사가 통계를 깊이 있게 이해하고 통계를 가르치는 방식에 도움을 얻을 수 있도록 집필되었다.

부록

01 교사를 위한 자료

교사들의 통계에 대한 이해를 높이기 위해 다음의 자료를 소개한다. 학생 활동 자료와 중학교 수준의 평가 자료도 포함되어 있다. 수업에서 활용할 수 있는 도서, NCTM(전미수학교사협회) 학술지 논문, 웹사이트, 온라인 통계 자료로 구성되어 있다. 모든 자료를 여기에 담지는 못했지만 이 자료를 토대로 통계 교수학습에 관한 이해를 심화시킬 수 있을 것이다.

1) 도서

Barbella, Peter, James Kepner, and Richard Scheaffer. *Exploring Measurements.* Palo Alto, Calif.: Dale Seymour, 1994.

Bereska, Carolyn, L. Carey Bolster, Cyrilla A. Bolster, and Richard Scheaffer. *Exploring Statistics in the Elementary Grades.*

Book 1, Grades K–6. Palo Alto, Calif.: Dale Seymour, 1998.

———. *Exploring Statistics in the Elementary Grades. Book 2, Grades 4–8.* Palo Alto, Calif.: Dale Seymour, 1999.

Bright, George W., Wallece Brewer, Kay McClain, and Edward S. Mooney. *Navigating through Data Analysis in Grades 6–8. Principles and Standards for School Mathematics Navigations Series.* Reston, Va.: National Council of Teachers of Mathematics, 2003.

Bright, George W., Dargan Frierson, Jr., James E. Tarr, and Cynthia Thomas. *Navigating through Probability in Grades 6–8. Principles and Standards for School Mathematics Navigations Series.* Reston, Va.: National Council of Teachers of Mathematics, 2003.

Franklin, Christine, Gary Kadar, Denise Mewborn, Jerry Moreno, Roxy Peck, Mike Perry, and Richard Scheaffer. *Guidelines for Assessment and Instruction in Statistics Education (GAISE) Report: A Pre-K–12 Curriculum Framework.* Alexandria, Va.: American Statistical Association, 2007.

Friel, Susan N., and Jeane M. Joyner, eds. *Teach-Stat for Teachers: Professional Development Manual.* Palo Alto, Calif.: Dale Seymour, 1997.

Gnanadesikan, Mrudulla, Richard Scheaffer, and Jim Swift. *The Art and Technique of Simulation.* Palo Alto, Calif.: Dale Seymour, 1986.

Hirsch, Christia n, Glenda Lappan, and Barbara Reyes. *Curriculum Issues in an Era of Common Core State Standards for Mathematics.* Reston, Va.: National Council of Teachers of Mathematics, 2012.

Hopfensberger, Patrick, Tim Jacobbe, Jerry Moreno, and Deborah Lurie. *Bridging the Gap between Common Core State Standards and Teaching Statistics.* Alexandria, Va.: American Statistical Association; Reston, Va.: National Council of Teachers of Mathematics, 2012.

Landwehr, James M., and Ann E. Watkins. *Exploring Data.* Palo Alto, Calif.: Dale Seymour, 1986.

———. *Exploring Data.* Rev. ed. Palo Alto, Calif.: Dale Seymour, 1995.

Landwehr, James M., Jim Swift, and Ann E. Watkins. *Exploring Surveys and Information from Samples.* Palo Alto, Calif.: Dale Seymour, 1986.

Lappan, Glenda, James T. Fey, William M. Fitzgerald, Susan N. Friel, and Elizabeth D. Phillips. *Connected Mathematics 2: Data about Us (Grade 6).* Boston: Pearson, 2006.

———. *Connected Mathematics 2: Data Distributions (Grade 7).* Boston: Pearson, 2006.

———. *Connected Mathematics 2: Samples and Populations (Grade 8).* Boston: Pearson, 2006.

Shaughnessy, J. Michael, and Beth Chance. *Statistical Questions from the Classroom.* Reston, Va.: National Council of Teachers of Mathematics, 2005.

Shaughnessy, J. Michael, Beth Chance, and Henry Kranendonk. *Focus in High School Mathematics: Reasoning and Sense Making in Statistics and Probability.* Reston, Va.: National Council of Teachers of Mathematics, 2009.

Peck, Roxy, Robert Gould, and Stephen J. Miller. *Developing Essential Understanding of Statistics for Teaching Mathematics in Grades 9–12. Essential Understanding Series.* Reston, Va.: National Council of Teachers of Mathematics, 2013.

Peck, Roxy, and Daren Starnes. *Making Sense of Statistical Studies.* Alexandria, Va.: American Statistical Association, 2009.

2) NCTM 학술지 논문

Edwards, Michael T. "Promoting Understanding of Linear Equations with the Median-Slope Algorithm." *Mathematics Teacher* 98 (February 2005): 414–25.

Franklin, Christine A., and Madhuri Mulekar. "Is Central Park Warming?" *Mathematics Teacher* 99 (May 2006): 600–605.

Kader, Gary, and Jim Mamer. "Statistics in the Middle Grades: Understanding Center and Spread." *Mathematics Teaching in the Middle School* 14 (August 2008): 38–43.

Leavy, Aisling, Susan Friel, and James Mamer. "It's a Fird! Can You Compute a Median of Categorical Data?" *Mathematics Teaching in the Middle School* 14 (February 2009): 344–51.

McClain, Kay. "Reflecting on Students' Understanding of Data." *Mathematics Teaching in the Middle School* 4 (March 1999): 374–

80.
Perry, Mike, and Gary D. Kader. "Counting Penguins." *Mathematics Teacher* 91 (February 1998): 110–16.
Watson, Jane, and J. Michael Shaughnessy. "Proportional Reasoning: Lessons from Research in Data and Chance." *Mathematics Teaching in the Middle School* 10 (September 2004): 104–9.
Watson, Jane, Noleine Fitzallen, Karen Wilson, and Julie Creed. "The Representational Value of Hats." *Mathematics Teaching in the Middle School* 14 (August 2008): 4–10.

3) 웹 사이트

American Statistical Association's Useful Sites for Teachers
http://www.amstat.org/education/usefulsitesforteachers.cfm
American Statistical Association's Student Competitions (Project and Poster)
http://www.amstat.org/education/studentcompetitions.cfm
Annenberg Learning Math Series: Data Analysis, Statistics, and Probability
http://www.learner.org/courses/learningmath/data/overview/index.html
A Sampler of WWW Resources for Teaching Statistics
http://it.stlawu.edu/~rlock/maa51/data.html
Census at Schools
http://www.amstat.org/censusatschool/index.cfm
Levels of Conceptual Understanding in Statistics (LOCUS): A project funded by the National Science Foundation to develop assessments that measure students' understanding across the levels identified in the GAISE Framework
http://education.ufl.edu/locus
STatistics Education Web (STEW): An online journal of K–12 statistics lesson plans
http://www.amstat.org/education/stew/index.cfm
Statistics Teacher Network
http://www.amstat.org/education/stn
Statsci.org: A portal for statistical science, the discipline of statistics
http://www.statsci.org/index.html

4) 온라인 통계 자료

The Data and Story Library
http://lib.stat.cmu.edu?DASL
FedStats
http://www.fedstats.gov
United States Census Bureau
http://www.census.gov

참고문헌

Bakker, Arthur, and Koeno P. E. Gravemeijer. “Learning to Reason about Distribution.” In *The Challenge of Developing Statistical Literacy, Reasoning, and Thinking*, edited by Dani Ben-Zvi and Joan Garfield, pp. 147–68. Dordrecht, The Netherlands: Kluwer, 2004.

Batanero, Carmen, Antonio Estepa, and Juan D. Godino. “Evolution of Students’ Understanding of Statistical Association in a Computer-Based Teaching Environment.” In *Research on the Role of Technology in Teaching and Learning Statistics*, edited by Joan B. Garfield and Gail Burrill, pp. 191–205. Voorburg, The Netherlands: International Statistical Institute, 1997.

Ben-Zvi, Dani, and Abraham Arcavi. “Junior High School Students’ Construction of Global Views of Data and Data Representations.” Educational Studies in Mathematics 45 (January 2001): 35–65.

Chance, Beth, and Alan Rossman. Investigating Statistical Concepts, Applications, and Methods. Belmont, Calif.: Duxbury, 2006.

Cobb, George W., and David S. Moore. “Mathematics, Statistics, and Teaching.” *American Mathematical Monthly* 104 (November 1997): 801–23.

Common Core State Standards Initiative. *Common Core State Standards for Mathematics. Common Core State Standards (College- and Career-Readiness Standards and K–12 Standards in English Language Arts and Math)*. Washington, D.C.: National Governors Association Center for Best Practices and the Council of Chief State School Officers, 2010. http://www.corestandards.org.

Cooper, Linda L., and Felice S. Shore. “Students’ Misconceptions in Interpreting Center and Variability of Data Represented via Histograms and Stem-and-Leaf Plots.” *Journal of Statistics Education* 16 (August 2008). http://www.amstat.org/publications/jse/v16n2/cooper.html.

———. “The Effects of Data and Graph Type on Concepts and Visualizations of Variability.” *Journal of Statistics Education* 18 (July 2010). http://www.amstat.org/publications/jse/v18n2 /cooper.pdf.

Curcio, Frances R. *Developing Graph Comprehension: Elementary and Middle School Activities*. Reston, Va.: National Council of Teachers of Mathematics, 1989.

Dougherty, Barbara J., Alfinio Flores, Everett Louis, and Catherine Sophian. *Developing Essential Understanding of Number and Numeration for Teaching Mathematics in Prekindergarten–Grade 2.* Essential Understanding Series. Reston, Va.: National Council of Teachers of Mathematics, 2010.

Franklin, Christine, Gary Kadar, Denise Mewborn, Jerry Moreno, Roxy Peck, Mike Perry, and Richard Scheaffer. *Guidelines for Assessment and Instruction in Statistics Education (GAISE) Report: A Pre-K–12 Curriculum Framework.* Alexandria, Va.: American Statistical Association, 2007.

Franklin, Christine A., and Denise S. Mewborn. "The Statistical Education of Grades Pre-K–12 Teachers: A Shared Responsibility." In *Thinking and Reasoning with Data and Chance,* Sixty-Eighth Yearbook of the National Council of Teachers of Mathematics (NCTM), edited by Gail F. Burrill, pp. 335–44. Reston, Va.: NCTM, 2006.

Freedman, David, Roger Pisani, and Robert Purves. Statistics. 4th ed. New York: Norton, 2007.

Friel, Susan N., Frances R. Curcio, and George W. Bright. "Making Sense of Graphs: Critical Factors Influencing Comprehension and Instructional Implications." *Journal for Research in Mathematics Education* 32 (March 2001): 124–58.

Friel, Susan N., George W. Bright, Dargan Frierson, and Gary D. Kader. "A Framework for Assessing Knowledge and Learning in Statistics (K–8)." In *The Assessment Challenge in Statistics Education*, edited by Iddo Gal and Joan Garfield, pp. 55–63. Amsterdam: IOS Press, 1997.

Gal, Iddo, and Joan Garfield, eds. The Assessment Challenge in Statistics Education. Amsterdam: IOS Press, 1997.

Garfield, Joan B., and Dani Ben-Zvi. *Developing Students' Statistical Reasoning: Connecting Research and Teaching Practice*. Dordrecht, The Netherlands: Springer, 2008.

Kader, Gary D. "Means and MADs." *Mathematics Teaching in the Middle School* 4 (March 1999): 398–403.

Kader, Gary D., and Christine A. Franklin. "The Evolution of Pearson's Correlation Coefficient." *Mathematics Teacher* 102 (November 2008): 292–99.

Kader, Gary D., and Jim Mamer. "Statistics in the Middle Grades: Understanding Center and Spread." *Mathematics Teaching in the Middle School* 14 (August 2008): 38–43.

Kader, Gary D., and Mike Perry. "Variability for Categorical Variables." *Journal of Statistics Education* 15 (July 2007). http://www.amstat.org/publications/jse/v15n2/kader.html

Kasten, Sarah, and Jill Newton, eds. *Reasoning and Sense-Making Activities for High School Mathematics: Selections from "Mathematics Teacher*." Reston, Va.: National Council of Teachers of Mathematics, 2011.

Konold, Clifford. "Issues in Assessing Conceptual Understanding in Probability and Statistics." *Journal of Statistics Education* 3 (March 1995). http://www.amstat.org/publications/jse/v3n1/ konold.html.

Konold, Clifford, and Alexander Pollatsek. "Data Analysis as the Search for Signals in Noisy Processes." *Journal for Research in Mathematics Education* 33 (July 2002): 259–89.

Lobato, Joanne, and Amy B. Ellis. *Developing Essential Understanding of Ratios, Proportions, and Proportional Reasoning for Teaching Mathematics in Grades 6–8*. Essential Understanding Series. Reston, Va.: National Council of Teachers of Mathematics, 2010.

Lloyd, Gwendolyn, Beth Herbel-Eisenmann, and Jon Star. *Developing Essential Understanding of Expressions, Equations, and Functions for Teaching Mathematics in Grades 6–8*. Essential Understanding Series. Reston, Va.: National Council of Teachers of Mathematics, 2011.

Mokros, Jan, and Susan Jo Russell. "Children's Concepts of Average and Representativeness." *Journal for Research in Mathematics Education* 26 (January 1995): 20–39.

National Council of Teachers of Mathematics (NCTM). *Principles and Standards for School Mathematics.* Reston, Va.: NCTM, 2000.

———. *Curriculum Focal Points for Prekindergarten through Grade 8 Mathematics: A Quest for Coherence*. Reston, Va.: NCTM, 2006.

———. *Focus in High School Mathematics: Reasoning and Sense Making*. Reston, Va.: NCTM, 2009.

Otto, Albert Dean, Janet H. Caldwell, Cheryl Ann Lubinski, and Sarah Wallus Hancock. *Developing Essential Under\-standing of Multiplication and Division for Teaching Mathematics in Grades 3–5.* Essential Understanding Series. Reston, Va.: National Council of Teachers of Mathematics, 2011.

Peck, Roxy, Rob Gould, and Stephen Miller. *Developing Essential Understanding of Statistics for Teaching Mathematics in Grades 9–12*. Essential Understanding Series. Reston, Va.: National Council of Teachers of Mathematics, 2013.

Perry, Mike, and Gary Kader. "Counting Penguins." *Mathematics Teacher* 91 (February 1998): 110–16.

———. "Counting Penguins." In *Reasoning and Sense-Making Activities for High School Mathematics: Selections from "Mathematics Teacher*," edited by Sarah Kasten and Jill Newton, pp. 296–306. Reston, Va.: National Council of Teachers of Mathematics, 2011.

Saldanha, Luis, and Patrick Thompson. "Conceptions of Sample and Their Relationship to Statistical Inference." *Educational Studies in Mathematics* 51 (November 2002): 257–70.

Shaughnessy, J. Michael, and Beth Chance. *Statistical Questions from the Classroom*. Reston, Va.: National Council of Teachers of Mathematics, 2005.

Starkings, Susan. "Assessing Students' Projects." In *The Assessment Challenge in Statistics Education*, edited by Iddo Gal and Joan Garfield, pp. 139–51. Amsterdam: IOS Press, 1997.

Uccellini, John C. "Teaching the Mean Meaningfully." *Mathematics Teaching in the Middle School* 2 (December 1996): 112–15.

Velleman, Paul F., and David C. Hoaglin. *Applications, Basics, and Computing of Exploratory Data Analysis*. Boston: Duxbury Press, 1981.

Watson, Jane M. “Assessing Statistical Thinking Using the Media.” In *The Assessment Challenge in Statistics Education*, edited by Iddo Gal and Joan Garfield, pp. 107–21. Amsterdam: IOS Press, 1997.

Watson, Jane M., and Ben A. Kelly. “Inference from a Pictograph: Statistical Literacy in Action.” In *Mathematics Education Research: Innovation, Networking, Opportunity. Proceedings of the 26th Annual Conference of the Mathematics Education Research Group of Australasia*, edited by Leicha Bragg, Coral Campbell, Georgina Herbert, and Judith Mousley, pp. 720–27. Geelong, Victoria, Australia: MERGA, 2003.

Wild, Chris. “The Concept of Distribution.” Statistics Education Research Journal 5 (November 2006): 10–26.

수학교사를 위한 지침서 10
통계의 필수 이해: 6-8학년

초판발행 2019년 5월 15일
초판2쇄발행 2022년 11월 25일

지은이 Gary D. Kader, Tim Jacobbe, Patricia S. Wilson, Rose Mary Zbiek
옮긴이 강현영 · 이동환
펴낸이 오판근
펴낸곳 (주) 교우
주 소 서울시 동대문구 약령시로 8 교우빌딩 2층 (주)교우
전 화 02-925-2861 / **팩 스** 02-925-2860, **편집부** 02-925-2825
홈페이지&북스토어 **www.kyowoo.co.kr / 이메일 kyowoo@kyowoo.co.kr**

등 록 1994년 3월 24일 제1994-000013호
ISBN 979-11-251-0290-8 (94410)

Published by Kyowoo Co., Ltd. Printed in Korea

(주) 교우는 보다 혁신적이고 참신한 도서를 다양하게 기획하고 있습니다.
책으로 펴내고자 하는 아이디어나 원고는 메일로 보내주세요.
(주) 교우는 전과정을 책임지고 최선을 다하겠습니다.

값 13,000원

교우미디어는 (주) 교우의 Imprint 사입니다.
수학정원·과학정원은 (주) 교우의 새로운 브랜드명입니다.

잘못된 책은 구입하신 서점에서 교환해 드립니다.